融合教育实践系列

*The General Education Teacher's Guide to Autism:
Essential Answers to Key Questions*

孤独症学生的融合教育策略

[美]芭芭拉·博罗森（Barbara Boroson）/ 著

王漪虹 / 译

华夏出版社
HUAXIA PUBLISHING HOUSE

谨以此书献给我的挚友特里·邓恩（Terry Dunn）。

你曾热烈去爱、去阅读、去写作，仿佛在和时间赛跑。

你就这样走到了尽头……如今，我们都懂得了你曾经的执着。

致 谢

在我忙于回答读者们提问的时候，一群最强大脑也在解答着我的疑惑。由衷感谢 Solution Tree 出版社学识渊博的编辑团队，谢谢你们尽心尽力地支持我：克劳迪娅·惠特利（Claudia Wheatley）用她温暖的南方魅力吸引了我，还有道格拉斯·里夫（Douglas Rife）、艾米·鲁宾斯坦（Amy Rubenstein）、莎拉·佩恩·米尔斯（Sarah Payne Mills）、托尼亚·库普（Tonya Cupp）、肯德拉·斯莱顿（Kendra Slayton）、托德·布拉克（Todd Brakke）、里安·安德森（Rian Anderson）、劳拉·考克斯（Laura Cox），以及夏洛特·琼斯（Charlotte Jones）、伊利亚·奥茨（Elijah Oates）、马克·海恩（Mark Hain）、伊丽莎白·艾布拉姆斯（Elisabeth Abrams），我还要感谢所有热情的审校人员始终激励我。感谢哈里·舒梅克（Harry Shoemaker）和奥斯汀·舒梅克（Austin Shoemaker）的智慧。特别感谢我的研究助理莉安娜·博罗森·鲁特（Leana Boroson Rutt），她提出的问题比她解决的问题更重要，也更有意义。

感谢那些从未停止过学习脚步的教师们，你们有着乐观向上的精神和求知若渴的热情，正因有了你们才有了本书的出版。感谢你们坚持不懈地深入思考，提出了一个又一个的问题，更要感谢你们义无反顾的决心，竭尽全力去改变孩子们的生活。是你们鞭策着我不断前行。

我很幸运能够得到朋友和家人们的支持与反馈：乌娜·默里（Una Murray）、安·霍洛维茨（Ann Horowitz）、凯瑟琳·佩吉（Katherine Page）、佩琦·奥利里（Peggy O'Leary）、南希·戴维（Nancy Davie）、玛拉·莱文（Marla Levine）、琳达·古德曼（Linda Goodman）、肯·博罗森（Ken Boroson）、伯尼·博罗森（Bernie Boroson）、朱迪·斯图尔特·博罗森（Judy Stuart Boroson）、弗兰·鲁特（Fran Rutt）、安德鲁·多德（Andrew Dodd），以及我的小伙伴罗西（Rosie）。

感谢马丁·博罗森（Martin Boroson）、约瑟夫·鲁特（Joseph Rutt）、萨姆·博罗森·鲁特（Sam Boroson Rutt）和莉安娜·博罗森·鲁特（Leana Boroson Rutt），谢谢你们的爱。最后，还要感谢以下审校人员：

亚拉巴马州托尼市，斯帕克曼中学数学老师：泰勒·布罗诺维奇（Taylor Bronowicz）

阿肯色州史密斯堡，史密斯堡公立学校小教员：康特尼·博迪克（Courtney Burdick）

田纳西州迪凯特，教育顾问：查尔斯·埃姆斯·费舍尔（Charles Ames Fischer）

乔治亚州亚特兰大市，富尔顿县学校联邦项目协调员：贝卡·戈达德（Becca Goddard）

康涅狄格州格林威治镇，格林威治学院中学教师：达娜·约翰森（Dana Johansen）

伊利诺伊州哈佛市，杰斐逊小学五年级教师：艾琳·克鲁肯伯格（Erin Kruckenberg）

得克萨斯州奥布里镇登顿学区，萨凡纳小学教学教练/干预师：南希·佩托利克（Nancy Petolick）

威斯康星州矿点市，矿点小学特教教师：乔迪·伦威克（Jodi Renwick）

阿肯色州格林伍德县，东点小学数学教学教练：阿什利·里奇（Ashley Richey）

印第安纳州戈申，本顿小学特别指派教师：贾斯汀·谢弗（Justin Schafer）

乔治亚州玛丽埃塔，汤米·诺比斯中心原特殊教育教师、讲师：詹妮弗·施温克（Jennifer Schwenker）

* 关注"华夏特教"公众号，或访问原书官方网站（go.SolutionTree.com/specialneeds），可免费获取本书中的线上资源。

目 录
CONTENTS

前 言 ··· 1

第一章　孤独症概述 ··· 1
关于诊断的问题 ··· 1
关于安置、教育计划和支持的问题 ··· 9

第二章　焦虑 ·· 22
关于焦虑的问题 ··· 23
缓解焦虑的策略 ··· 26

第三章　执行功能 ·· 42
关于执行功能的问题 ·· 43
训练执行功能的策略 ·· 45

第四章　感觉 ·· 53
关于感觉的问题 ··· 53
缓解感觉压力的策略 ·· 62

第五章　沟通与社交 ·· 67
关于沟通的问题 ··· 67
关于社交的问题 ··· 73
支持沟通和社交的策略 ·· 77

第六章　参与和认知加工 ······93
关于参与和认知处理的问题 ······93
提高课堂参与度的策略 ······98
促进认知加工和内容吸收的策略 ······105

第七章　破坏性行为 ······113
关于破坏性行为的问题 ······113
课堂上的破坏性行为的应对策略 ······118

第八章　父母和监护人 ······137
关于父母和监护人的问题 ······137
弥合与父母和监护人之间隔阂的策略 ······144

后记 ······153

前　言

　　本书的第一个问题，让我来问你：你为何要在此刻翻开这本书呢？也许你对孤独症感到好奇。也许你有些不知所措，需要一些新的思路。也许你正在为教育即将加入你班级的学生做准备。无论出于何种原因，在你翻开本书的那一刻，你一定希望能够学到新的知识（你会的），也期盼自己能教给学生更多（肯定会的），更相信他们的学习能力是无限的（确实如此）。诚然，此刻你能和我一起读这本书就是在告诉我，你相信成长、相信改变。知名教育家科琳·威尔科克斯（Colleen Wilcox）曾说过，"教育是最伟大的乐观行为"（Visit Ventura, 2020），这句话我们耳熟能详。作为一名教师，每一天你都会把全部精力投入到你的课堂，投入到你的学生身上，因为你相信教育，相信他们可以学会。每一天你都会将全部精力投入到他们的未来，寄希望于未来。这就是乐观主义。

　　然而你的乐观主义精神一直在经受考验。2022年，就在我撰写这本书时，教育工作者们遭遇了史上最严峻的职业和个人困境。面对史无前例的全球公共卫生危机，校园里不和谐与不宽容的现象激增，甚至严重威胁到你的人身安全，然而你坚持了下来。你们中的一些人找到了家庭需求和工作需求的平衡点，用网上教学的方式兼顾自己的子女和学生。还有一些人不顾自身和家庭的安危，毅然走进校园，为依赖你们的学生上课。无论用哪种方式，你们都是在一线奋战的英雄，你们和科学家、急救人员一样，都在竭尽全力守护孩子的学习、成长与安全。

　　与此同时，你的普通教育课堂上，学生的需求和背景更加多样化，他们比以往任何时候都更需要差异化教学。特别是现如今，越来越多的儿童被确诊为孤独症谱系障碍（ASD）（原因详见第一章），而且这些学生正在不断涌入普通教育课堂（Centers for Disease Control and Prevention, 2021; Wright, 2017）。因此，一向乐观的你需要花些时间读一读这本书。

对于所有这一切，我要说一句：谢谢你们！

但同时我也要说一声：不客气！如果你正在寻求指导、支持和策略来帮助你的孤独症学生，那么你来对地方了。你有问题吗？答案就在你手上。

在开始阅读之前，我们先来了解一下为什么现在需要这本书。

为什么是现在

教育和社会理论都在引导我们走向融合实践，学校也在将更多形色各异的学生安排到普通教育和融合课堂里（Murphy, 2022）。说到教育，社会理论认为历史上被剥夺权利的个人和群体（具有相同人口特征的个体），包括残障人士，在接受教育和教育评估方面都存在固有的不平等。笼统来说，社会理论认为个人脱离了与环境和社会的互动，就无法获得有效的教育（Nolan & Tupper, 2019）。

本书引用的研究成果表明，融合教育对残障学生和普通学生的学业和社交情感都有益。相较未参与过融合课堂的学生，在融合课堂就读的残障学生，阅读和数学能力更强，出勤率也更高，出现行为问题的概率更低，中学毕业率更高（Hehir, 2016）。此外，"融合教育给予残障学生的好处不仅限于学习成绩，还能让他们享受社会联系带来的红利、提高中学毕业后继续受教育的概率、提升就业率及就业质量，并提升自立能力"（Hehir, 2016, p.3）。融合教育对神经典型发育学生也同样能产生积极影响，促进他们的"社会情感发展和对不同能力的积极认知"，让他们在不影响学习成绩的情况下，能适应不同能力水平的人群（Oliver Kerrigan, Christy, & Stahmer, 2021, p.158）。基于上述原因，普通教育工作者看到了孤独症学生正以前所未有的速度涌入他们的融合课堂（National Center for Education Statistics, 2019）。

某项研究显示，60%的孤独症学生认为"学校能否更好地帮助他们，主要取决于是否拥有能理解他们的老师"（APPGA, 2017）。但另一项研究综述（APPGA, 2017; Roberts & Simpson, 2016）指出，许多普通教育教师表示他们感到气馁、不知所措，"没有能力进行有效教学，也没有能力与孤独症学生积极互动"。

事实上，作为一名孤独症教育专家，我在工作期间看到很多普通教育工作者都在为孤独症学生发声，他们呼吁要更好地了解孤独症学生的情况，并储备一些简单的策略来帮助他们。当教师具备相应的知识、策略与信心时，他们就有足够的能力来欣赏自己的学生——他们都是非凡的个体。也正是因此，我收集了普通教育工作者在幼儿园到高中阶段最常见的问题，并将之归纳整合成这本书。

本书如何架构

本书将孤独症谱系障碍分解成八个方面，一章讲一个方面。每章都以情况概述开始，紧接着你会看到一系列问题及其答案，这部分问答内容探索并解释了学生在课堂上面临的常见挑战。在每章的后半部分，你会看到另一类问题及其答案，这部分问答内容会介绍相关的实用策略，让你能够以有效且有意义的方式应对挑战。本书中还穿插了一些标为"说到这里……"的专题框，这个部分是我对该主题的深入探讨及个人反思。

除了"你问我答"的形式外，本书与其他专业学习书籍的不同之处在于，它解决了从3岁到103岁的孤独症谱系障碍人士最常见的问题，以及幼儿园到高中阶段及更高阶段教师最常见的问题。尽管每个孤独症谱系学生都不一样，但核心挑战所在既不取决于学生的年级，也不取决于年纪（Bielinik et al., 2017）。因此，本书不针对某个年龄段，也没有提供教案或课程。相反，我会用既具体又广泛适用的信息和策略来回答所有问题。

在此，我邀请你通读本书。而以后，当你需要某方面问题的解答和策略时，只需按目录就能轻松找到所需部分。

第一章概述孤独症的外在表现，解读特殊教育的常用术语，如"最少受限制环境"（LRE）、"免费、适当的公共教育"（FAPE）、"应用行为分析"（ABA），以及你在工作中可能遇到的有关原则的问题。本章还将帮助你理解孤独症学生，并探讨他们在新兴的神经多样性运动中的地位。

第二章解释为什么焦虑始终是影响孤独症学生的一大因素。你将看到引起学生焦虑的多种原因，同时收获不可或缺的策略，日后运用来减少诱因，以及缓解和避免这一严重影响学习的障碍。

第三章描述孤独症学生在课堂上的执行功能障碍，分析这些障碍如何影响时间管理能力、组织能力、推理能力、灵活性、耐心、转换能力以及他们在课堂上的许多其他具体和关键的功能。你将收获教授关键学习技能的策略，帮助孤独症学生取得成功。

第四章回答为什么孤独症学生经常以意想不到的方式对环境做出反应。在这一章里，你将了解孤独症学生如何努力应对感官系统的挑战，以及他们如何通过寻求或避免感觉输入来做出反应。这一章也会提供缓解感官压力的策略，使你的课堂成为感官友好型环境。

第五章是关于孤独症学生在言语、语言和社交方面的差异和挑战的，你将理解为什么社交对孤独症学生来说特别具有挑战性，并收获支持社交互动、建立和谐社群的策略。

第六章能帮助你理解，为什么很难吸引孤独症学生的注意力，也很难让他们记住信息。你将学到一种基于优势的（反直觉的）策略，用来吸引学生参与你的课程，帮助他们整理并概括信息，从而促进他们更流畅地接收信息。

第七章包含我最常被问到的问题，这些问题都与破坏性行为有关，不过具体的策略，还要参见第一至六章！因为应对破坏性行为的最佳方法是了解孤独症的来龙去脉（第一章）、缓解焦虑（第二章）、锻炼执行功能（第三章）、舒缓感官（第四章）、支持沟通和社交（第五章）以及提高参与度和内容吸收（第六章）。如果你已经足够重视所有这些关键领域，可能就用不上第七章了。但是，若破坏性行为仍然出现（有时会出现），本章将帮助你高效应对。

第八章带你走进孤独症学生父母和监护人的内心并理解他们。为什么这件事如此重要？因为一旦你了解父母和监护人的初衷，就能从他们的角度出发，事半功倍地解决问题。同理，你对你的孤独症学生也是如此。当你与父母和监护人站在同一立场，就能显著提升孤独症学生的表现（Schultz, Able, Sreckovic, & White, 2016）。本章还介绍了如何与父母和监护人取得更多共识，以及如何应对特定情况。

本书中的语言

我坚信语言的力量。尽管并非所有孤独症学生都有言语能力，但是我有，想必你们也有。对我来说，谨慎用词至关重要。对我来说，随时随地都要使用包容性语言——没有例外。这听上去可能有些难度，不过我可以给你一条提示：如果你用包容的思维去思考，你就会用包容性的语言来说话，用包容性的语言来写作，否则你自己都会觉得别扭。努力使用包容性语言，"要么都用、要么都不用"；你不能选择性地涵盖某些群体，而忽略另一些，那可算不上包容。

在本书中，我会使用"父母或监护人"来指代履行家长职责的成人，其中包括

（外）祖父母、养父母，以及其他扮演这一重要角色的人。

在本书中，我还会以不置褒贬的态度，讨论多元化课堂中的能力差异。这也是神经多样性运动（neurodiversity movement）的一种体现，该运动倡导神经功能有多种类型，不存在哪种比哪种更有序或更紊乱（Blume, 1998; Callahan, 2018）（更多有关神经多样性的内容详见第一章）。在这一思潮的影响下，尊重孤独症谱系个体的相关用语也在不断调整变化，就在我撰写本书的过程中，许多有影响力的孤独症人士都表示更倾向使用"残障在前"而非"以人为先"的表达方式，具体原因详见第一章。虽然我非常欣赏且尊重这种"以人为本"的观念，但同时我感觉"身份在前"的语言并非普遍偏好。因此，为了尊重所有人，不冒犯任何人，也鉴于孤独症谱系人士的明显特质，我选择在本书中使用"孤独症学生"一词，而不是"学生患有孤独症"或"孤独症的学生"。此外，许多倡导者更愿意使用"残障"而不是"特殊需要"，我也很赞同这样的表达方式。在回答广大教师向我提出的问题时，我也按此思路做了一些语言调整，使其更具有包容性与尊重性。

我非常欢迎读者、老师、学生、父母和监护人与我分享他们的故事、问题、策略、成功、失败和反馈。请随时登录我的个人网站 www.barbaraboroson.com 与我联系。我洗耳恭听。

我希望这本书能帮助你学习和成长，就像你帮助你的学生一样。感谢你愿意与我一起踏上这趟旅程。

第一章　孤独症概述

大多数人都直接或间接认识一两个孤独症谱系人士。通常，人们得知我在孤独症领域工作时，第一反应往往都很特别。他们会点点头，然后说"哦……我表妹夫的姐姐的好朋友的邻居家的儿子就有孤独症。我了解孤独症"。然而事实是，他们并不了解。他们只是认识某个患有孤独症的人。孤独症的表现形式多种多样，这些人有着千奇百怪的优势和挑战、怪癖和特质、谜团和悖论。没有哪两个孤独症人士是相同的，他们甚至可能没多少共同之处。此外，近年来孤独症的定义、患病率及相关术语都发生了巨大的变化，并且仍在不断演变中。跟上时代的步伐，对谁来说都不是件易事。

本章将向你介绍孤独症的诊断和患病率，并解释相关术语、安置选择以及孤独症学生在课堂上的一些常见表现。

关于诊断的问题

现今，人们对孤独症的本质、病因、干预方式都有更加深入的了解，在融合教育、公平与接纳等方面也有飞跃性进展。一些孤独症人士持续为孤独症发声，他们呼吁人们转变观念，不要再把孤独症视为必须接受治疗且需要被治愈的一种疾病，而要将之看作应该被包容且能得到积极评价的一种神经多样性表现。与此同时，研究人员也在孤独症诊断方面也取得了长足进步，诊断标准也随之不断改进（Thurm, Farmer, Salzman, Lord, & Bishop, 2019）。本节会概述孤独症基础知识，并通过回答以下问题纠正一些常见的误解。

- 什么是孤独症谱系障碍？
- 为什么有这么多孤独症谱系儿童？

- 是什么导致了孤独症谱系障碍？

什么是孤独症谱系障碍？

一般来说，孤独症谱系障碍是一种神经发育障碍，在儿童发育早期就表现明显，如受限的、重复的行为模式和思维过程，以及社交与沟通挑战（American Psychiatric Association, 2022）。除此之外，孤独症谱系障碍还有许多不同的症状表现。

根据《精神障碍诊断和统计手册（第三版修订版）》（DSM-III-R; APA, 1987），孤独症的诊断历来只针对那些在社会交往、沟通和行为方面表现出严重障碍的个体。1994年，出现了几种新的孤独症诊断亚群，其中包括阿斯伯格综合征——这些人表现出相对较强的认知、沟通、学习和适应能力（DSM-IV; APA, 1994）。喜剧演员丹·艾克罗伊德（Dan Aykroyd）、奥斯卡影帝安东尼·霍普金斯爵士（Sir Anthony Hopkins）、特斯拉创始人埃隆·马斯克（Elon Musk）和喜剧人杰瑞·宋飞（Jerry Seinfeld）等知名人士都被诊断出有阿斯伯格综合征（Barbour, 2020）。导演蒂姆·伯顿（Tim Burton）、微软创始人比尔·盖茨（Bill Gates）和宝可梦创始人田尻智（Satoshi Tajiri），以及发明家托马斯·爱迪生（Thomas Edison）、导演斯坦利·库布里克（Stanley Kubrick）和计算机科学理论奠基人艾伦·图灵（Alan Turing）等人，也被广泛认可符合谱系认定标准（Barbour, 2020）。

然而2013年，阿斯伯格综合征和其他孤独症亚型不再作为独立疾病诊断，统一并入一个伞式术语：孤独症谱系障碍（APA, 2013）。虽然我们仍然可以使用"阿斯伯格综合征"这个名称，且阿斯伯格人士可能也更喜欢这样的称呼，但官方诊断中已经不会再出现"阿斯伯格综合征"了。

根据《精神障碍诊断和统计手册（第五版）》（DSM-5-TR; APA, 2022），孤独症谱系障碍的诊断标准包含以下两个广泛的描述性类别。

1. 在多种场合下，社交交流和社交互动方面存在持续性的缺陷，如难以开始或维持对话、难以建立并维系友谊、非典型的眼神交流、对他人缺乏兴趣、专注于单一话题以及对肢体语言和语调的理解不足；

2. 受限或重复的行为和兴趣模式，如重复的游戏和言语、严格遵守常规、抗拒或厌恶变化，以及对感官刺激反应过度或反应不足

症状必须在婴幼儿早期发育阶段就出现，必须持续影响日常生活，且必须是其他常规诊断无法给出更好的解释时，才算满足诊断标准（APA, 2013）。只有专业医

生，如精神病学家、神经心理学家或发育儿科医生，才能进行孤独症诊断。在做出孤独症的诊断后，作出评估的医生还需为患者确定一个级别，从轻度到重度分为 1 级（需要支持）到 3 级（需要非常大量的支持）（APA, 2013, 2022）。

> **说到这里……**
>
> ### "高功能"和"低功能"是什么意思？
>
> 我们已不再使用"高功能"和"低功能"来描述孤独症谱系人士的能力水平，请尽量避免使用它们（Chawla, 2019）。下面来说一说，为什么这些熟悉的术语会"失宠"。
>
> 有些孤独症学生有非常明显的症状。例如，他们可能不会说话，会发出噪声，会拍打双手，会来回摇晃，或做出其他出乎意料的问题行为。以他们的外在表现推测他们无法学习课程，也不具备独立性，因此他们通常被称为低功能者。然而，这样的假定可能会大大低估像这样的学生。没错，他们会拍打双手，会控制不住发出噪声，但只要给予他们一定程度的帮助，他们可以完成所在年龄段的学习。认定他们功能低下是对他们的极大伤害。
>
> 反之亦然。一些吐字清晰的孤独症学生，乍一看可能没有孤独症的外在症状。他们没有多余的肢体动作，也能与他人交谈。因为没有表现出外在的孤独症症状，所以他们通常被鉴别为高功能者。然而，这样的假定可能严重高估了他们在其他方面的功能。他们可能忍受不了时间安排上一丁点的偏差，对感官环境反应强烈，社交无能，认知非常有限甚至混乱。认定他们是高功能的，也会对他们造成极大的伤害。
>
> 我的儿子也是孤独症谱系中的一员，旁人通过他的外在表现认为他可能是高功能的。他性格外向，口齿清晰，没有明显的刻板行为。他总是积极参与，表现得十分投入，以至于人们对他的期望值远超他的能力范围。在与老师、同龄人、食堂员工、校车司机、收银员、医生、邻居、卖冰淇淋的商贩、建筑工人等人的沟通与互动中，一旦他陷入认知混乱，出现思维固化，或是被内心刻板的期待束缚，就会无法自拔。他的外在表现掩盖了他面临的内在挑战，因此人们往往对他深层次的困难缺乏了解。
>
> 与其将这些情况复杂的学生简单粗暴地分个"高低"，不如将他们视为一个整体，每个孤独症学生都是多面的，每个孤独症学生都有不同的优势与挑战，有

些是外在的，有些是内在的，有些是你能想见的，有些是你预料之外的。前文已经说过了，为了描述孤独症对他们功能的影响，DSM-5（APA, 2013）在给出孤独症谱系障碍诊断标准的基础上，对他们需要支持的程度进行了分级。

- 1级（轻度）：需要支持
- 2级（中度）：需要大量的支持
- 3级（重度）：需要非常大量的支持

如果你的学生中有符合上述描述的，那你有必要深入跟进一下。倘若学生尚未被诊断为孤独症，也没有被划分为需要特殊教育服务的类别，那么请在教学工作会议或跨学科交流会议上说出你的疑虑，以便更好地开展后续工作。校方可能会要求你将你的疑虑告知学生父母或监护人。那么，你可以建议父母和监护人联系当地特殊教育办公室进行评估，以确定是否需要特殊教育服务和支持（如需相关信息，详见第八章）。当评估人员或教学团队成员认为有必要进行诊断评估时，你要鼓励家长找有资质的医生进行诊断。

为什么会有这么多的孤独症谱系儿童？

别怀疑，如今的课堂上有越来越多的孤独症学生。事实上，自21世纪初以来，全球孤独症的诊断患病率（prevalence）在不断攀升。2022年，全球每100名儿童中就有1人被诊断为孤独症，这几乎是2012年全球患病率的两倍（Elsabbagh et al., 2012; Zeidan et al., 2022）。

而在某些国家这一比率更为惊人。在美国，孤独症诊断患病率已从2002年的每150名儿童中有1人上升到2022年的每44名儿童中就有1人（Russell et al., 2021）。在澳大利亚，孤独症诊断患病率在四年内增加了40%，从2014年的百分之一增加到2018年的七十分之一（Autism Spectrum Australia, 2018）。在加拿大，患病率从2015年的每66名儿童中有1人（National Autism Spectrum Disorder Surveillance System, 2018）上升到2018年的每50名儿童中就约有1人（Public Health Agency of Canada, 2022）。英国报告称1998年至2018年的20年间，孤独症诊断患病率惊人地增加了7.87倍（Russell et al., 2021）。

然而，这些数据并不能证明实际存在的孤独症学生真就比过去多了。相反，更大的可能是APA于1994年扩大了孤独症定义范围，因此有更多人符合孤独症诊断标准。此外，自21世纪起，诊断医生、父母和监护人对孤独症的认识和理解都有所提高。这些因素的叠加才导致了更高的孤独症诊断率，而不是更高的发病率（Zeliadt, 2020）。也许你感觉被诊断为孤独症的学生比以前多了不少，但事实是这些学生一直都在，他们只是早前没被诊断出来或是被误诊了，因此被安排在更严格的学习环境中。

是什么导致了孤独症谱系障碍？

目前，人们并未发现某个单一因素会导致孤独症；孤独症似乎是多种因素共同作用的结果（Zeliadt, 2020），也因此涌现出了无数种理论。遗传学家和其他领域的科学家还在对诸多因素做深入研究。

一些孤独症谱系障碍个体存在基因差异，这些差异可能会共同影响大脑发育和神经连接（Mayo Foundation for Medical Education and Research, 2018）。而另一些谱系障碍个体出现了嵌合突变（mosaic mutations），这是身体在表达遗传密码时发生的随机变化（Krupp et al., 2017）。还有一种理论是某些遗传标记与其他基因相互作用，加上环境的变化，使儿童容易出现孤独症谱系障碍症状（Krupp et al., 2017）。研究人员正在探索的另一个遗传因素是孤独症在家族中传播的趋势。孤独症有遗传倾向性，就像眼睛的颜色或身高（Zeliadt, 2020）。如果一个家庭中有一个孩子有孤独症，那么该家庭其他子女的孤独症患病率就会比普通人群高20%～32%（Cleveland Clinic, 2020）。

生理性别为男性是患孤独症的风险因素之一：男婴患孤独症的可能性是女婴的四倍多（Maenner et al., 2021）。有遗传学理论认为，孤独症可能与X染色体上的突变有关。而女性的第二条X染色体可能会弥补这一突变。由于男性没有第二条X染色体，这种突变可能更容易导致孤独症（National Institutes of Health & National Institute of Neurological Disorders and Stroke, 2020）。

然而，只有10%～20%的孤独症谱系障碍个体存在基因异常（Cleveland Clinic, 2020），因此，即使找到了明确的基因原因，对孤独症成因的研究依然任重道远。目前，尚在研究的风险相关因素包括孕期长短（Persson et al., 2020）、出生体重（Lampi et al., 2012）、父母年龄（Lyall et al., 2020）、妊娠期用药（Christensen et al., 2013）、产前维生素摄入不足（Raghavan et al., 2018）等。

> **说到这里……**
>
> ### 疫苗会导致孤独症吗？
>
> 让我们直接揭晓答案。肯定不会！孤独症不是由疫苗导致的。将疫苗与孤独症联系起来的错误理论是一位名叫安德鲁·韦克菲尔德（Andrew Wakefield）的医生提出的。1998 年著名医学期刊《柳叶刀》(The Lancet) 上刊登了一篇他的文章，公众舆论一时哗然，拒绝让孩子接种疫苗的父母和监护人的人数翻了两番 (Sun, 2018)。
>
> 2010 年，科学家们认定韦克菲尔德的研究是学术欺诈，他所谓的研究证据存在巨大漏洞 (Editors of The Lancet, 2010)。此时，该理论的大多数研究者已经承认，"MMR（麻疹、腮腺炎和风疹）疫苗与孤独症之间并没有因果关系"(Murch et al., 2004, p. 750)。韦克菲尔德和同事拒不承认他们收受了财物，为针对疫苗制造商的诉讼律师提供学术支撑 (Rao & Andrade, 2011)。
>
> 最终，韦克菲尔德被吊销了行医执照，《柳叶刀》发表了正式的撤稿声明。美国疾病控制与预防中心，世界卫生组织，美国国家科学院、工程院和医学院，以及美国儿科学会纷纷发文，力证疫苗不会导致孤独症。然而伤害已经造成，公众对接种疫苗的忧虑并未得到缓解，疫苗接种率持续下降。2019 年，接种疫苗的儿童数量远低于标准阈值，无法达到群体免疫的效果，致使全球 207500 人死于麻疹，这是自 1996 年以来因麻疹死亡人数最多的一年 (Patel et al., 2020)。
>
> 记者约翰·唐文（John Donvan）和凯伦·祖克（Caren Zucker）在他们的著作《不同的音调：孤独症的故事》(In a Different Key: The Story of Autism, 2017) 中解释说，即使是那些对疫苗最热心的支持者们也承认，"疫苗对任何个体都存在出现不良反应的微小风险"。唐文和祖克（2017）进一步探讨了疫苗接种科学的现实：
>
>> 任何药品都是如此。无论采取了怎样充分的预防措施，总会有个体因其独特的生物学构造而对通常被证明是安全的药物或设备产生毒性反应。这些结果并不意味着药品存在缺陷。小部分人群会对青霉素产生强烈甚至致命的过敏反应，但人们不会因此认为青霉素是一种存在缺陷的抗生素。
>
> 与疫苗相关的科学数据遭到篡改，人们对是否接种疫苗犹豫不决，这种状况严重威胁孩子的健康安全。
>
> 尽管官方提供了强有力的数据证据，表明疫苗不会导致孤独症，但彻底转变

公众的认知需要时间（Kaplan, 2017）。作为专业人士，我们必须尊重父母和监护人为保护孩子安全所做的努力，同时也要尽可能地给出科学的指引。

应该怎样称呼孤独症学生？

首先要注意：一部分孤独症学生并不知道自己有孤独症。有些父母和监护人会在孩子很小时就把诊断结果告诉他们；但也有一些家长更希望等孩子长大后再告诉他们（Wheeler, 2020）。有些学生不知道自己的诊断结果；有些学生还没有得到诊断；有些人可能知道自己的诊断结果，但不愿承认也不想说起。在你和学生谈论此事前，务必先与其父母或监护人沟通核实。

到 20 世纪中期，孤独症儿童以及其他残障儿童通常会被安置在福利院里，并遭受边缘化和非人性化的待遇（Wright & Wright, 2021）。随着时间的推移，这些儿童慢慢走出了阴影，有关残障的污名也逐渐淡化。残障人士开始为自己发声，他们的价值远大于他们的挑战。在这一理念的催动下，形成了英文中"以人为先"的表达方式，说明人们在讨论挑战前优先考虑人格，例如"我是一个人，我患有孤独症（I am a person who has autism）"，或者"我是一个人，有孤独症（I am a person with autism）"，而不是"我是一名孤独症患者（I am an autistic person）"。

> 对孤独症学生的称呼并没有正确一说，但也有一些比较可取的选择。棘手的是，在不同时间、不同场合，最恰当的称呼并不相同。

然而，自 20 世纪 90 年代末以来，神经多样性运动的成员们一直在努力再次改变词语表达。1998 年，作家哈维·布鲁姆（Harvey Blume）首次将"神经多样性"一词描述为偏离"神经学规范"的。该运动将人的神经系统发育和功能差异视为"人类基因变异中自然而宝贵的一环，因此它并不一定是病理性的"（Leadbitter, Buckle, Ellis, & Dekker, 2021）。在神经多样性的架构中，具有神经系统差异的个体被称为神经多样性人士（neurodivergent），而没有神经系统差异的个体则被称为神经典型发育者（neurotypical）。在神经多样性运动中，许多人拒绝使用"以人为先"的表达，他们认为这样的语言是在"描述这人有什么，而不是这人是谁"（Office of Disability Rights, n.d.）。"某人患有孤独症"就像在暗示孤独症是一种疾病，类似于"某人患有癌症（a person who has cancer）"，潜台词就是孤独症需要被治疗或治愈。对那些参与这场运动的人来说，"某人有孤独症"暗指孤独症是他们携带的物品，类似于"某人带着公文包（a person with a briefcase）"，这里的意思是孤独症是他们想搁在一旁，就能轻松搁下的物品。因此，目前这些自我倡导者们（self-advocates）重新接受了"身份在前"的语言表达。他们更喜欢说"我是个孤独症人士（I am an autistic person）"，这传达出孤独症不是他们的所有物，而是他们本身的观点（Callahan, 2018）。

然而，许多父母仍然认为孤独症是一种损害子女健康、降低生活质量的疾病。为了减轻孤独症孩子的症状，使他们的生活更接近普通儿童，父母和监护人高度关注孤独症的治疗。此外，许多家长和热心人士都敏锐地发现，那些自我倡导者们仅代表了孤独症人群中自我赋权的那部分人。他们的表达能力和内省能力都很强；他们通常能独立生活，有工作，也有稳定的社会关系。但是，他们总是以孤独症谱系群体的名义发声，这其中包括那些不能为自己发声的孤独症人士，也包括那些丧失语言及逻辑能力的孤独症人士。而这类无法为自己发声的孤独症人士过着与自我倡导者截然不同的生活。除了不会说话、认知能力有限外，多达 40% 的孤独症人士伴有癫痫或其他发作性疾病；高达 85% 的孤独症人士有胃肠道疾病；85% 的孤独症人士还有其他精神类疾病（Bennett, 2017）。2019 年结束的一项纵向研究表明，只有 1% 的成年孤独症人士能够独立生活（Skinner et al., 2021）。孤独症谱系儿童的父母或监护人很难将孤独症视为一种无需治疗的中性差异，因此一些人仍然不愿接受"身份在前"的说法，也无法认同神经多样性的其他方面。

正如你看到的，没有绝对正确的称呼。只要条件允许，我会尽量按学生的喜好来选择称呼。如果没有足够的信息，我会默认用"孤独症谱系人士（person on the autism spectrum）"来称呼。西蒙·M. 布里（Simon M. Bury）、雷切尔·杰莱特（Rachel Jellett）、詹妮弗·R. 斯波尔（Jennifer R. Spoor）和达伦·赫德利（Darren Hedley）的研究显示，在这三种称呼方式中，对"谱系的（on the spectrum）"说法分歧相对最少（2020）。它强调的是孤独症谱系障碍的谱系特质，指代的是在优势与挑战方面存在惊人差异的不同个体。

底线是：无论何时，你都要保持尊重。如果你的学生表达出对某种称呼方式的偏好，那就用这种称呼。如果没有，那就试试我的谱系说法。说起来也许有点拗口，但这种说法最准确，也没有任何冒犯之处，所以每次多说两个字也完全值得。

想想看：当对话与学生的挑战没有直接关系时，完全可以忽略这一称谓。例如，比"我在和一个患有孤独症的男孩一起工作（I'm working with the boy who has autism）"更好，比"我在和一个孤独症男孩一起工作（I'm working with the autistic boy)"更好，甚至比"我在和一个孤独症谱系男孩一起工作（I'm working with the boy on the autism spectrum）"还要好的表达是"我在和小江一起工作（I'm working with Jiang）"。

只要我们有所考量，并优先使用尊重的称呼来维护学生的自尊心，那么我们做的就是对的。

关于安置、教育计划和支持的问题

可供孤独症谱系学生选择的安置和课程类型有很多。选择很重要，因为每个谱系学生在学习和功能上都与其他学生不同。美国《残疾人教育法》（IDEA, 2004）规定，谱系学生应最大限度地接受主流教育或融合教育，这也是最好的做法。然而，全日制的融合教育并不能让每个谱系学生都受益，因此，教育工作者在为学生确定最佳安置方案时，必须综合考虑多项因素。

本节会就以下问题展开讨论。
- 如何确定学生的教育安置？
- 什么是最少受限制环境，它为什么重要？
- 个别化教育计划（IEP）和504计划有什么区别？
- 合理便利与适当改动有什么区别？
- 孤独症谱系学生有哪些安置选择？
- ABA和TEACCH是什么？
- 融合班的所有学生都需要同样的支持吗？
- 我该如何与一对一的辅助人员或助理教师合作？

如何确定学生的教育安置？

在美国，有关残障学生安置和课程计划的决策制定受IDEA（2004）的广泛监督。这项联邦立法旨在确保学校和学区为所有学生提供满足其独特需求、具有适当挑战性的教育，并为他们成年做好准备。在英国，这一过程要遵守《特殊教育需要和残疾（SEND）实施法规》（*Special Educational Needs and Disability Code of Practice, United Kingdom Department for Education*, 2015）和《儿童与家庭保护法（2014版）》（*Children and Families Act of 2014*, Independent Provider of Special

Education Advice, n.d.）的有关规定。在加拿大，根据《加拿大宪法》（Canadian Constitution Act, Tremblay & Belley, 2017）的规定，各省的特殊教育课程计划和安置由教育部监督。在澳大利亚，《1992年残疾歧视法案》（*Disability Discrimination Act of 1992*）和《2005年残障教育标准》（*Disability Standards for Education of 2005*）规范了相关权利（Raising Children Network, 2021）。

干预反应模式（response to intervention, RTI）是一种基于证据的、积极主动的方法，用于识别和支持有学习和行为需求的学生。RTI是多层级支持体系（multitiered systems of support, MTSS）的一部分，通过密切监测所有学生的学业进展，提供有针对性的分级干预，RTI的出现就是为了取代长期以来的"等待失败（wait-to-fail）"体系。在美国，许多地区都在不同程度地采用RTI，并且RTI在世界各地也越来越普及（Nilvius & Svensson, 2022）。

RTI提供了分层级的说明，教师按照说明收集数据、进行干预、调整教学，并监测学生的反应。RTI有三个教学层级。第一层级是针对所有学生的课堂教学（Buffum, Mattos, & Malone, 2018），对学生进行筛查评估，并在在校期间为他们提供补充教学，以达到所在年级的期望水平。没能取得足够进步的学生将进入第二层级，根据他们的个人需要提供更有针对性的小组支持。如果第二层级的干预也没能使学生成绩达到该生的年级水平，就会开始第三层级的干预，学生将获得强度更大也更全面的差异化支持。倘若第三层级的干预措施仍不能使学生取得足够的进步，他们则需要转去接受特殊教育资格评估（Buffum et al., 2018）。

必须在父母或监护人做出书面许可后才能进行评估。RTI收集的数据有助于证明对学生进行评估的必要性（IDEA, 2004）。值得注意的是，在RTI干预期间，父母或监护人可以随时申请并获得特殊教育评估服务（RTI Action Network, 2022）。

特殊教育评估通常包括教育评估、心理评估、言语和语言评估、作业治疗评估、心理社会评估和课堂观察。如有需要，还会进行精神评估、物理治疗、听力学评估等其他评估。

特殊教育评估过程结束后，学校或学区的特殊教育团队将与父母或监护人（有时还有学生本人）会面，审查评估结果。此时，该团队会决定学生的课程、支持类型和成就目标。特殊教育决策团队有很多不同的叫法。在美国，被称为安置小组、特殊教育委员会、IEP小组、ARD（Admission, Review, or Dismissal）小组（Fenell, Gilchrist, Katz, Kirkpatrick, & Makofsky, n.d.）。在英国，特殊教育服务通常被称为

SEN（Special education needs，即特殊教育需求），而是否需要 SEN 服务，则由特殊教育需求协调员（SENCO）确定（U.K. Department for Education, 2015）。在加拿大，不同省份的决策者不尽相同，可能是校长、学校团队、课程规划团队、学区教育部门，而更复杂的教育需求可能由教育法庭裁定（Towle, 2015）。在澳大利亚，则由学生支持团队（SSG）来决定（Australian Institute for Teaching and School Leadership Limited, 2020）。

决策团队的目标就是为学生提供成功所需的支持，同时尽可能最大限度地让他们参与标准课程（IDEA, 2004）。一旦决策团队做出安置决定，他们就会将评估、考虑因素、决定、理由和目标汇总成一份指导文件。多数情况下，这份文件就是个别化教育计划（IEP）。如果孤独症谱系学生被安置在你的课堂上，那么你就会收到这样一份 IEP。

什么是最少受限制环境，它为什么重要？

当学校将谱系学生与其他学生分开，将他们排除在主流课堂和活动之外时，他们的教育体验必然会受到限制。在美国，IDEA（2004）规定要将所有残障学生都安置在能够使他们成功的最少受限制环境中，应确保其最大限度地参与普通课程和主流社会环境。要注意，教育工作者为不同学生确定的最少受限制环境可能会大不相同。

在最少受限制环境的要求和 IDEA（2004）出台前，因为缺少相关法律支持，或者对残障学生没有学业标准，或者他们达不到标准，所以他们大都与神经典型发育的同龄人完全隔离（Wright & Wright, 2021）。最少受限制环境的要求完全是基于免费、适当的公共教育（Free Appropriate Public Education，简称 FAPE）条款（IDEA, 2004）。美国最高法院在 2017 年对 FAPE 做出了新的解释，残障学生应该接受"根据其实际情况合理评估的教育，使其能够取得适当的进步"（Supreme Court of the United States, 2017），并且"所有儿童都应该有机会实现具有挑战性的目标"（U.S. Department of Education, 2017）。学校可以在学生的教育计划执行过程中做适当修改、调整，帮助他们在最少受限制环境中取得成功。

将孤独症谱系学生安置在最具融合性（也就是最少受限）的环境中，能让他们融入主流教育的方方面面。最少受限制环境能让学生的孤立感最轻，体验更具挑战性的学习，获得更多社交机会，并对增强学生自尊心有奇迹般的提升作用，而自尊心与成功密切相关（Hehir, 2016）。

IEP 和 504 计划有什么区别？

个别化教育计划（individualized education program, IEP）和 504 计划（Section 504 accommodation plan）都是美国法律规定，目的是确保残障学生获得他们应有的 FAPE。其他国家也有类似的规范性文件。在英国，学生可能会有 IEP 或教育、健康和护理计划（United Kingdom Department for Education, 2015）。在加拿大，不同省份有不同的叫法，包括个人教育计划、个别学生支持计划、融合与干预计划、个人教学计划和个别化学习计划（Towle, 2015）。在澳大利亚，不同地方的学生可能会有不同的教育计划，如个人教育计划、个人学习计划、个人课程计划和协商教育计划（Australian Institute for Teaching and School Leadership Limited, 2020）。

在美国，504 计划和 IEP 的起源和目的并不相同。504 计划是根据 1973 年美国《康复法》制定的一项民权法规，保护残障人士不受歧视。504 计划旨在确保所有人都能平等地接受教育。当特殊教育委员会判定学生只需要课程学习支持时，该学生就会得到一份 504 计划。根据他们的个人需求，504 计划会规定校方提供某些辅助与便利，比如优先将学生安排在靠近教师的座位，从而帮助他们集中注意力；延长他们的考试时间，从而弥补认知处理缓慢的情况。此外，504 计划还会提供合理便利（accommodation）和相关服务（如作业治疗、言语治疗、物理治疗、咨询、顾问教师支持、资源教室教学和阅读支持）的类型与频次。不过，504 计划并不提供特殊教育服务。

当教育工作者判定学生需要的不仅是学业上的支持时，才会开展 IEP 服务。IEP 会按照 IDEA 的规定提供特殊教育服务，以确保学生的教育需求能够得到满足。IEP 的门槛更高，内容也更丰富，它可以涵盖 504 计划的全部内容，甚至提供更多的支持与便利。IDEA（2004）中列出了 13 种残障类型，符合 1 种及更多类型的学生才能获得 IEP 的资格，具体分类如下：

- 孤独症
- 盲聋症
- 发育迟缓
- 情绪障碍
- 听力障碍（含失聪）
- 智力障碍
- 特定学习障碍
- 多重障碍
- 肢体障碍
- 其他健康损害
- 言语或语言障碍
- 创伤性脑损伤（TBI）
- 视力障碍（含失明）

你可能会发现，你认为属于孤独症谱系的一些学生，诊断却是学习障碍，或是其他健康障碍。这可能是因为他们没有经过专业医生的独立诊断，或者因为父母或监护人对孤独症分类感到不舒服（一些父母和监护人可能害怕孩子被贴标签；还有一些误认为孤独症分类可能会剥夺孩子的机会）。

实际上，学生的具体分类对 IEP 并没有多大影响，只要学生的症状、挑战和支持需求得到全面准确的记录就好。由于表现出孤独症症状的学生面临的挑战广泛且普遍，其中的大多数都会得到 IEP。对他们来说，仅仅提供更好的座位和额外的时间是不够的——他们大都需要接受特殊教育。与 504 计划一样，IEP 可以规定便利条件和相关服务（如作业治疗、言语治疗、物理治疗、咨询、顾问教师支持、资源教室教学和阅读支持）的类型与频次。此外，IEP 还会对最少受限的特殊教育环境、学生接受特殊教育和普通教育的时长、教室员工与学生的比例、具体的教案调整、短期基准和年度目标做出规定（IDEA, 2004）。

> IEP 是一份历史记录，也是你未来的指南。请一定要仔细阅读并经常翻看，它是你通往成功的路线图。

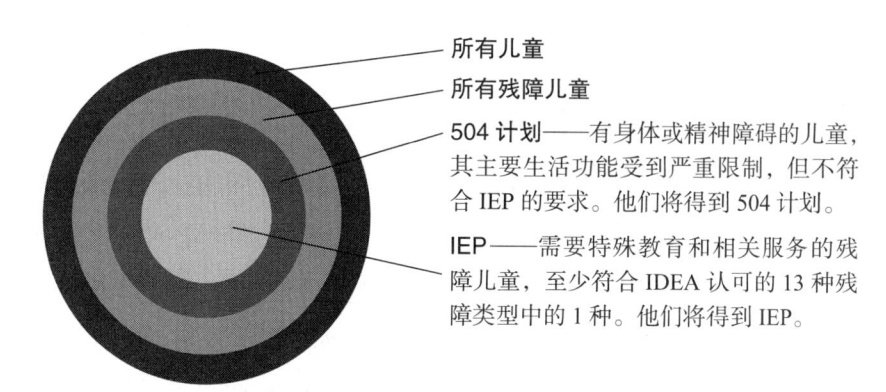

IEP 绝不是一套一般性建议，它十分详细也非常关键，是差异化教育的最佳实践，它将帮助你、帮助你的学生。它是一份历史记录，也是你未来的指南。请一定要仔细阅读并经常翻看，它是你通往成功的路线图。图 1.1 展示了 IEP 与 504 计划资格之间的差异。

- 所有儿童
- 所有残障儿童
- 504 计划——有身体或精神障碍的儿童，其主要生活功能受到严重限制，但不符合 IEP 的要求。他们将得到 504 计划。
- IEP——需要特殊教育和相关服务的残障儿童，至少符合 IDEA 认可的 13 种残障类型中的 1 种。他们将得到 IEP。

来源：改编自 Office of the Student Advocate, State Board of Education, Washington, D.C., 2021. 授权使用。

图 1.1　504 计划与 IEP 资格

504 计划和 IEP 都是合法且具有约束力的文件，它们能指导你如何支持特殊学生。每份计划内都有评估人员的详细报告，描述该学生在各个领域的功能。它会给出将该学生安置在你的课堂上的理由和解释。它会详细介绍该学生的挑战和优势。它会描述该学生获得平等教育机会所需的具体支持，也可能还会指明该学生需要哪些具体的特殊教育服务，以便你能够根据学生需求调整教学和课程。它会逐项列出专业团队需要提供的特定额外支持服务，并规定其频率、地点和规模。它会告诉你该学生本学年在学习成绩、社会情感功能和适应技能方面应该优先考虑的目标是什么，以及如何测量其进步情况。

合理便利与适当改动有什么区别？

合理便利与适当改动是在 IEP 或 504 计划中学校可以提供的支持，目的都是帮助最少受限制环境中的学生。

- **合理便利**（accommodations）是让残障学生能够参与学习或活动：就像无障碍坡道方便坐轮椅的人进入办公楼一样，听写设备能支持不会说话的学生学习。合理便利措施有助于弥补学生的功能缺陷，本质上就是要创造公平的教育环境。如前所述，无论是 504 计划，还是 IEP，都可以规定需要提供哪些便利。

- **适当改动**（modifications）是真正改变课程或活动，使之更易于学生掌握：与 504 计划相比，IEP 通常都会改变教育环境。例如，学生的数学作业会减少，教材或课程会被简化，又或是试题与他人不同。合理便利影响的是学生的学习方式，而适当改动会影响的是学生的学习内容（The Understood Team, 2020b）。

孤独症谱系学生有哪些安置选择？

由于谱系学生表现出的优势和挑战多种多样，可供他们选择的班级和教学安置也有很多，从普通班到融合班，又或是完全独立的班级，再到各种异地和独立的安置机构。按照规定，每年都要对学生安置的适宜性进行重新评估。学区必须全面考虑所有的教育环境，并证明为什么某些环境的包容性不足。因此，即使一名学生今年没有获得在融合班就读的资格，日后仍然有机会进入融合班。

具体能有多少种安置选择因地而异。一些学区有专门针对孤独症谱系学生的课程，也有一些学区与其他学区整合课程资源。受限更多的环境包括异地安置、治疗学校、寄宿治疗学校和寄宿治疗中心。

- **普通班**：能够进入普通班就读的学生，在获得合理便利与适当改动后，应该就能胜任普教课程和所有活动。因此，我们认为普通班是最少受限制环境。
- **融合班**：融合班里既有神经典型发育学生，也有残障学生，他们一起学习。融合班是较少受限环境，对神经典型发育学生和能够适应快节奏环境的残障学生而言，都是良好的学习环境。大多数融合班（有时也叫"协同教学班"）的特点就是有两名教师——一名普教教师和一名特教教师。由两名具有不同专业领域知识的教师共同教授全班同学，为差异化的教与学提供了大量有力且创新的机会，也为学生提供了更多深入学习、分层分组和展示知识的方式（The Understood Team, 2020a）。

然而，并不是每名残障或孤独症谱系学生都适合在普通班或融合班就读。融合班规模大、师生比例低、课程等级高，教育工作者应该细致考虑，使之成为适合每名学生需求的班级。如果特殊教育团队或安置小组判定某位学生不适合安置在融合班，或是即便在差异化条件下，该学生仍会影响班级内的其他学生学习，那么就该为其推荐另一个受限性更高的环境。

- **更受限的选择**：学生人数更少、师生比例更高、空间更为封闭的教室，能让很多谱系学生受益，这里能提供普通班和融合班都无法给予的课程和行为调整。也就是说，学生要全天或部分时段在特教班学习，而特教班的规模较小，只有特教教师和特教学生。又或是让学生在完全独立的班级学习，这里更加受限、师生比更高、课程与教案都经过了调整，学生与神经典型发育的同龄人互动的机会更加有限。

ABA 和 TEACCH 是什么？

ABA 和 TEACCH 是两种帮助孤独症学生的方法。

ABA

应用行为分析（applied behavior analysis，简称 ABA）是美国心理学家伊瓦·洛瓦斯（Ivar Lovaas）开创的教授并培养孤独症谱系学生的方法（Molko, 2021）。ABA 由一系列常用的循证疗法组成，教育工作者会用这些疗法帮助孤独症学生学习、掌握社交和适应性生活技能。ABA 以学习理论和人类行为科学为基础，通过反复练习掌握（repetition）和后效强化（contingent reinforcement）来鼓励积极行为，并使新学技能在不同环境中得以泛化（Psychology Today Staff, 2021）。

有些人认为 ABA 在孩子四岁前开始实施效果最佳，且越早开始效果越好，最佳训练时间要维持在每周 40 小时（Psychology Today Staff, 2021）。ABA 可以在家里进行，学校要是有条件，也可以在学校进行，但在美国 ABA 必须由硕士或博士级别的临床治疗师进行管理，且该治疗师必须受过认证行为分析师（board-certified behavior analyst，简称 BCBA）的专业培训（Psychology Today Staff, 2021）。

> **说到这里……**
>
> ### ABA：好不好？
>
> 尽管美国卫生总监（the U.S. Surgeon General）（Satcher，1999）和美国精神医学协会（2017）都认为 ABA 是最有效的循证疗法，但这一疗法长期也来也备受争议。许多神经多样性倡导者和孤独症自我倡导者认为 ABA 很残酷，它试图消除个体的独特性，并鼓励从众行为（Leaf et al., 2022）。孤独症研究先驱凯瑟琳·洛德（Catherine Lord），现任加州大学洛杉矶分校医学院（School of Medicine at UCLA）的常驻教授，也是塞梅尔神经科学与人类行为研究所（Semel Institute for Neuroscience and Human Behavior）的高级研究员，她承认最初"ABA 在创建时的设定是，这世上有一种完美的方式，我们知道那是什么，我们会教你如何做到完美"（Child Mind Institute, 2021）。
>
> 尽管现在 ABA 仍旧以目标为导向，但如今的治疗师更懂得个性化、差异化的治疗和干预措施的必要性。洛德解释说，ABA 治疗师"想要的不是一个只有最佳表现的人，而是一个能尽力去做事、尽情去享受的人"（Child Mind Institute, 2021）。虽然大多数人都能实现这一目标，但一些有影响力的神经多样性倡导者依然不相信 ABA 行得通。

TEACCH

北卡罗来纳大学的 TEACCH 孤独症项目（https://teacch.com）是能在学校里看到的另一种常见的孤独症教学模式。它是一种基于实证的方法，并以孤独症学生主要是视觉学习者为大前提（McLay, Hansen, & Carnett, 2019）。TEACCH 在很大程度上依赖于视觉提示，通过视觉提示补充口头沟通，从而增进理解。采用 TEACCH 的课堂是高度结构化的，它能帮助谱系学生加强优势、减轻挑战。教师使用可视化的时间表和顺序表，来促进学生对教学与任务的理解，在沟通交流时有视觉线索支持，课桌间用隔板隔开以免分心并促进注意力集中，教室的每部分空间都有视觉标记。你很可能会发现，TEACCH 常用在孤独症学生的独立教室里，那里的特教教师都接受过 TEACCH 方法的培训；但是，我们也可以在普通课堂和融合课堂中应用 TEACCH 的部分元素（Virues-Ortega, Julio, & Pastor-Barriuso, 2013）。

融合班的所有学生都需要同样的支持吗？

前面已经说过了，所有谱系学生都面临社交沟通方面的挑战，以及与刻板和重复行为相关的挑战。然而，无论只有两大挑战，还是另有其他挑战，每个谱系学生都有自己的优势与挑战。有些学生不会说话或口语有限，有些则是话痨；有些学生时而墨守成规，时而高度被动；有些学生的认知能力非常有限，有些则在一般或特定领域天赋异禀；有些学生高度依赖成人的指导和照顾，有些能按预期独立成长；有些学生沉浸在自我世界，从不参与社交，有些渴望社交，却总是窘态百出；有些学生会掩饰或修饰他们面临的挑战，有些把自己的挑战挂在嘴边；有些学生寻求感官刺激，有些抗拒感官刺激，还有一些让你猜不透。

因此，对于你的这个问题，光鲜亮丽的回答是：一些谱系学生渴望遵守规则、做正确的事情；他们对这个世界的看法，会给你的课堂注入新的能量；他们不受社会压力的束缚，能够深入研究自己的兴趣爱好，达到非凡的专业水平。这应该就是你想要的！如果你能创造一个能让这些品质发光的环境——如果这些星星的孩子能适应环境——那你就会得到你想要的。

而未加修饰的回答可能有些刺耳。也许，你会发现那些渴望遵守规则的学生无法遵守规则，因为他们很难理解并运用这些规则，更做不到泛化。你的学生可能无法用语言交流他们获得的知识或感受，而是通过其他方式表达。遇到偶然的变化或感觉失衡时，他们会产生焦虑，进而完全脱轨。由于太专注于自己的想法，他们很难全身心投入到你的课堂中。他们可能还会用破坏性行为来应对这些障碍。

谱系中的每个学生都是独一无二的。你会在阅读本书的过程中，收集到各种策略与支持方法，从而更好地帮助他们发挥优势，应对常见的挑战。不过，你必须从中挑选出适合学生的策略，并为每个学生打造一套独属于他们的"护甲"。

你可以使用问卷或检查表帮你找到学生的特定优势和挑战领域，并帮助学校的多学科专业人员为学生量身定制支持方法和干预措施。其中《中学检查表》（Secondary School Success Checklist）用于收集工作人员、家长和学生本人的反馈，来指导跨学科的相关循证实践（Center on Secondary Education for Students with Autism Spectrum Disorder, 2013）。学校心理学家或辅导员可以适当调整此表，以供年龄偏小的学生使用。

本书给出的见解与策略将帮助你了解各式各样的谱系学生。

如何在应对个人挑战的同时平等对待每个学生？

谱系学生会为课堂带进多种多样的优势和挑战。就像对待典型发育的学生一样，你需要单独评估每种挑战，并以差异化且公平的方式进行干预。假设一个学生的手指被纸张划破，你让他去找学校的护士，他回来时手指包上了创可贴。现在，假设另一个学生擦伤了膝盖，你也让她去找学校的护士，可她回来时手指也包上了创可贴。这是怎么回事？这是护士对每个学生都一样处理，平等对待所有学生的表现。显然，这种一刀切的策略并不能适用于所有学生，因为它毫无差异性可言。我们的服务并不是对所有学生一概而论，而是应该给予每个学生他/她所需要的。

差异与平等是两码事，你要向学生解释清楚，还要让他们的父母或监护人都理解其中的重要性。孤独症学生及其他残障学生可能需要某些便利条件才能在课堂上取得成功。也许，他们会使用特殊的桌椅，来促进感官的稳定性；也许，老师会允许他们随意进入"安静区域"；也许，别的学生禁止做的事他们却可以做，比如上课嚼口香糖或者戴着棒球帽。这可能会激起一片不满之声，"这不公平！为什么他可以嚼口香糖，我们就不行"？

你的原则是满足每个学生的独特需求。事实上，这才是公平。你要向学生、父母和监护人说明，在你的课堂上所有学生都会得到他们所需要的。你要指出，尽管口香糖能帮到某个学生，但对其他人来说口香糖会分散注意力。你要让他们放心，任何学生有特殊需要，只要对他/她的成功有益，你就会满足他/她的需求。时代变了，这已经不是你上学时的课堂了，也不是这些父母和监护人曾经的课堂。你要让他们知道，教育一直在革新发展！在差异化的课堂上并不是平等一致地对待每个人，而是更好的方法，公平地对待每个人。

> 在差异化的课堂上并不是平等一致地对待每个人，而是更好的方法，公平地对待每个人。

我该如何与一对一辅助人员或助理教师合作？

按照法律规定，在美国所有被安置在上述教育计划或班级内的学生，都配有一对一辅助人员（one-to-one aide）或课堂助理教师（classroom paraprofessional）。一对一辅助人员和助理教师的资质不同：辅助人员必须拥有高中或更高文凭，而助理教师必须受过两年以上的高等教育并取得毕业证书（Every Student Succeeds Act, 2015），但他们在课堂上的作用却十分相似。他们的工作就是支持特定学生的需求，包括生理上的、个人的、学业上的、行为上的以及情感上的需求（Wright, 2011）。

但是，一对一辅助人员和助理教师又与助教（teaching assistants）乃至教师助理（teacher's aides）不同。助教有资格帮你做计划，参与教学和评分。教师助理可以帮你维持课堂纪律、监考并完成文书工作。助教和教师助理都会帮助你。一对一辅助人员和助理教师不是来帮助你的；他们的存在是为了帮助特定的学生。当然他们的帮助最终也会令你受益，但却是间接的。

当你的学生获得一对一支持时，请把你的好经验分享给支持提供者。如果你和这个学生一起工作时遇到了绕不过去的坎，也请告知助理或助理教师，这样他们就能想办法避开。如果你偶然发现了很好用的方法或干预措施，千万别藏着，赶紧分享出去。同样，助理也会与你的学生密切接触，要鼓励他们与你分享一切有用的观察结果。与助理和助理教师保持公开合作、相互支持的工作基调：众人拾柴火焰高。尽可能地邀请辅助人员和助理教师参加相关团队会议、IEP 会议、家长会等。当辅助人员或助理教师因陪伴学生而无法参会时，请努力做好笔记，并把学生的最新和其他有用的信息分享给他们。

以下是我为你提供的优化策略，帮助你与其他人更好地协作，帮助他们更好地支持学生。

促进最佳实践

美国各州对一对一辅助人员和助理教师的资质要求不尽相同（IDEA, 2004）。因此你会发现，一些辅助人员和助理教师接受过特殊教育培训或曾有过与孤独症谱系学生共事的经历，但也有一些辅助人员和助理教师并没有类似的经验。花一点时间与他们分享最有效的干预经验，说一说你在课堂上为某些学生首选这些干预方式的原因。等到你可以依靠他们来帮助某些学生保持正轨时，你就会发现他们是维护融合课堂不可或缺的资源。

你要知道，在学生的问题行为出现时，这些支持人员才是站在第一线的人。很多情况下，他们这些无名英雄会在问题出现的第一时间，默默无闻地进行有效干预，控制住新出现的状况，以免其达到破坏程度。还有些时候，他们要直面失控的学生，并与之沟通交流。在这样具有挑战性的时刻，为了缓和态势、保持最佳实践，他们可能也需要一定的支持，才能做好自我调节，并在事后进行汇报。

明确保密性和隐私性

很少会有人向辅助人员和助理教师说明保密性的问题。请务必和他们阐明这两点，确保所有人都能充分遵守保密与隐私的相关法律。

1. 请与特殊教育办公室核实，了解你可以向辅助人员和助理教师透露哪些信息，以及可以透露到什么程度（这要取决于学生家长的许可）。

2. 请向他们解释保密义务及其含义。要让他们详细了解哪些信息不得与他人分享。并让他们清楚，不管是在校内还是校外，都不能与他人随意谈论学生的情况，包括学生的其他任课老师、同学、家长、教职工（如秘书、门卫、食堂工作人员、校车司机、其他助教等），也包括该辅助人员或助理教师自己的家人和朋友（National Center for Education Statistics, 1995）。

辅助人员和助理教师还应保护目标学生的隐私，这与保密性不同，"保密性……是指只能向授权人披露信息，而隐私保护是令个人权益不受侵害"（NCES, n.d.）。尤其是中学生，已经有一定的社会意识，经常会因为自己有一个指定的辅助人员而感到非常尴尬。有一次，在一间教室里，我看到一名中学生迟到了一分钟进班。他的辅助人员在教室后方高呼："马特奥！我在这儿！"你能想象这名学生当时有多尴尬吗？提醒辅助人员在提供帮助时注意方式方法。

允许放手参与

很多辅助人员和助理教师都有这样的顾虑：他们认为只有积极与目标学生接触，才能证明他们有在工作。这种顾虑有时会导致他们在学生刚要独立做事时介入。理想状态是，助理应该允许目标学生在自身能力范围内最大限度地独立，只在需要时介入。然而矛盾的是，助理在一旁什么都不做，可能正是在尽最大努力。你要让他们知道，同时也要确保他们明白，"什么都不做"意味着时刻做好应对各种状况的准备：无论是身体上，还是思想上，都不能让学生脱离视线范围；全神贯注地关注学生，注意他们在做什么、不在做什么，以及周围发生了什么事情；还有就是，工作时绝不能玩手机。

既然你已经了解了一些孤独症的大体信息，也是时候了解细节了。下一章将讨论焦虑的问题，这也是大多数孤独症谱系学生无论走到哪里都会背负的沉重负担。

第二章　焦虑

孤独症谱系学生会面临一系列的挑战，这些挑战会给他们的日常生活造成巨大的压力。他们应对变化的能力、理解他人观点的能力，以及保持冷静的能力都十分有限，因此他们完全有理由焦虑（National Autistic Society, 2021）。事实上，59%的孤独症谱系人士表示，焦虑对他们的功能有很大影响。如果考虑到很多孤独症谱系人士可能认识不到自己的焦虑，那么实际比例甚至会更高（National Autistic Society, 2021）。

实际上，假使每一天都只是前一天的重复，而一切都可以预料，那么大多数的谱系学生都会感觉惬意。那样的话，只要把会发生的事和期待他们做的事，全都记录下来，再将其拟成脚本用于现实场景，他们就能学习了。然而，我们都知道，学校不可能是那样的。尽管学校的安排高度结构化，但学校环境也是由成百上千的人组成的，他们朝着各自的方向努力，每个人都在按自己的日程表忙碌。因此，谱系学生往往处于高度戒备的状态，随时准备应对感官刺激、社会压力和其他不可预测的事件，一旦应付不来，就很容易失控（Raede, 2018）。他们无时无刻不在警惕，这种高度警惕的基线状态被称为防御模式（Raede, 2018）。

当谱系学生感到极度焦虑时，他们可能会尝试用各种方式来应对这种感觉。他们可能会退缩并封闭自我，可能会躲到课桌下，或是把帽衫的帽子罩在头上，拉紧脸前的拉绳，将世界拒之门外。当他们发现自己的平衡被打破或是受到威胁时，会表现得激动或愤怒。他们可能异常固执，坚持要恢复原状，拒绝接受引发焦虑的局面。他们也有可能通过自我刺激来缓解焦虑及其他压力（更多关于刺激的信息，详见第四章）。

对于谱系学生来说，这个世界让人难以理解，并充满了不确定性。为了让他们感受到一定程度的安全感和可预测性，教育工作者需要尽可能地让这些学生的学校体验保持稳定、可靠和可预测。我们安排的日程结构化程度越高，学生就能越放松。

在本章，我们会说明谱系学生的焦虑特质，以及我们如何对此进行干预。

关于焦虑的问题

让我们先来看一看，是什么样的情况会引发谱系学生的焦虑，以及他们可能会尝试的自行缓解焦虑的一些重要方法。

这一节我们将讨论以下问题。
- 哪些情况会引发谱系学生的焦虑？
- 谱系学生要如何应对焦虑？
- 我要怎样才能找出学生的焦虑诱因和安抚他们的切入点（安慰锚）？
- 为什么所有人都说要给谱系学生用日程表？
- 结构化难道不会让焦虑的学生更加焦虑吗？
- 依赖可视化日程表会降低谱系学生课上独立活动的能力吗？

哪些情况会引发谱系学生的焦虑？

应对突发事件或预料外的情况，需要快速灵活的反应。这意味着掌握更新信息、适应期望、保持冷静、做好转换，甚至还需要激活许多其他技能，而这些技能对谱系学生来说极具挑战性。这样的情况随时都有可能出现，而且形式千变万化，这就是为什么谱系学生的焦虑水平基线总是会升高（Raede, 2018）。计划外的、新的或不同的情况特别容易引发这些学生的焦虑。

计划外的事

当谱系学生清楚地知道将会发生什么时，他们的表现最好，而任何偏离常规的意外都可能会引发焦虑。当摄影课因美术教室漏水而临时取消时；当他们走进教室，发现课桌的排列方式与前一天完全不同时；当他们发现你不在时；当火警响起时。所有这些计划外的变化，都会给谱系学生带来巨大的压力，令其不知所措。事实上，谱系学生如此严守规则的一大原因就是，始终如一地执行规则，能消除发生意外的可能性。有了具体的规则，他们就能放心，一切都会按预期进行。反之，当规则被破坏时，他们的整体平衡感（以及对结构的信任）就会受到破坏（更多关于规则重要性和规则清晰度的信息，详见第七章）。

新的或不同的情况

一旦谱系学生适应了某项活动,他们会感觉舒适且可控,会更愿意继续下去——继续保持熟悉的感觉。然而,改变不可避免,它迟早会来。不熟悉的环境和活动会令谱系学生感到害怕,因为任何新的情况都有一套新的规则和新的预期。通常,没人对新的规则和期望做解释,或者有人做了解释,但谱系学生听不懂或理解不了。户外研学、新的任务、新的项目、新来的人或有人被开除、新的学年,等等,都可能引发谱系学生的极度焦虑。

还有就是过渡——两件事之间的时段。这短暂的一刻对谱系学生来说是混乱无序的,而老师们很容易忽略这方面的计划和日程安排。在过渡期间,所有原本有序进行的事项都会突然停下,唰一下就结束了。最常见的过渡情况是在教室内从一项活动切换到另一项活动,或者从一间教室转移到另一间教室。过渡会引发出一连串的挑战。当老师宣布一项活动结束时,整个教室立刻掀起一阵高潮:课桌吱吱作响地晃动,椅子腿在地板上不断摩擦,学生们开始活动身体,各种对话在教室的四面八方响起。学生何时停下手中的事,完全根据你的时间安排,而不是他们的——这需要计划和把控节奏,并灵活地留出一些余地。学生们必须放下正在使用的设备,并提前准备好下一项活动所需的材料。然后,他们必须迅速适应一套新的规则、期望、技能、指示、挑战,安顿下来,进入状态。由于需要同时运用感官、社交、学业和执行功能等技能,焦虑往往会占据上风(更多有关执行功能的信息,详见第三章)。

谱系学生要如何应对焦虑?

在焦虑诱因无情的威胁下,谱系学生若想站稳脚跟并感到安全,通常都会将注意力集中在可预测的事上(Bennie, 2016)。我称之为"安慰锚(comfort anchors)"。课程安排、一天的常规和课堂规则都是安慰锚。学生遵循的内在规则也可以是安慰锚,比如在特定的日子使用特定的铅笔橡皮,或者按特定的顺序把文件夹装进书包。这类安慰锚通常会附着在有形的物体上,比如某些玩具或书籍。沉浸在狭窄的兴趣和谈话领域是最常见的安慰锚。这种重复性的专注被称为刻板行为(Keenan, Gotham, & Lerner, 2018)(更多关于刻板行为的信息,详见第六章)。

> 谱系学生依赖安慰锚,因为相对来说,它们既稳定又可靠。

谱系学生依赖安慰锚,因为相对来说,它们既稳定又可靠。当学生无法使用安慰锚或出现问题时，就需要你来帮助他们控制焦虑了。读一读下面的内容，看看哪种能最好地支持学生（无论是否有安慰锚）。

我要怎样才能找出学生的焦虑诱因和安慰锚？

这是一个很好的问题。如果能预测出学生的焦虑诱因，我们通常就能采取简单却有力的措施，在问题行为出现前先行遏止。向前人学习，是预测特定触发因素的最佳方法。尽早与学生的前任老师沟通交流，你将收获屡试不爽的诀窍。

不要低估向家庭成员学习的价值。打电话家访或是发一份家庭调查问卷，找出有哪些情形会引发学生焦虑，什么是学生的安慰锚，什么样的事会刺激到学生，什么能缓解困境，什么会让事态升级。可使用本章末尾的《家庭问卷》（Family Questionnaire）帮你收集此类信息。使用这份问卷，你可以找出学生的优势是什么，他们最喜欢什么，以及他们的动力又是什么。收集到的信息能让你更加积极乐观，而你的乐观精神能激励自己和谱系学生继续努力，即使前路困难重重。

> 收集到的信息都能让你更加积极乐观，而你的乐观精神能激励自己和谱系学生继续努力，即使前路困难重重。

为什么所有人都说要给谱系学生用日程表？

如果谱系学生知道要去做什么，清楚即将进行的具体内容以及对他们的确切期望，并拥有一套自适应策略来指导他们应对各种情况，他们就能做得最好。而这可以通过创建一个差异化的结构来实现，该结构要足够清晰、稳定地呈现，能够让谱系学生理解、遵守并依赖它，这也是最重要的一点。

若要创建一个清晰可见、稳定一致的结构，最好的方法就是使用可视化日程表（McDonald, Trembath, Ashburner, Costley, & Keen, 2018）。并不是每个学生都需要个别化的可视化日程表，但如前所述，受焦虑困扰的人能从中受益匪浅。

一张有效的可视化日程表，会把一天的学习生活分解为易于理解、便于管理的组块，能为学生提供他们需要了解的全部信息，包括即将进行的和后续进行的任务，以及对他们的行为期望。日程表要以视觉形式清晰地展现这些信息，并且应该是交互式的，这样学生就能在完成计划任务时获得掌控感。对许多孤独症谱系学生来说，根据个人实际量身定制的日程表十分有益，能让他们掌控自己的生活。

尽管创建一套日程表需要一定的时间与精力，但别慌，先把每部分都做出来，然后就简单了，按照每日事项调换顺序就行。在下一节"缓解焦虑的策略"中，会有各类可视化日程表的例子——实物、照片、简笔画和文字。

结构化难道不会让焦虑的学生更加焦虑吗？

高度的结构化的确会给一部分人造成压力（Donovan, 2016）。在规定的时间、规定的地点，以规定的方式，做规定的事，有时这样的结构化会被我们视为压力。但是，我们的谱系学生大都更喜欢清晰的日程表和明确的规则，前提是他们有理解和遵守的技能与能力（Provincial Outreach Program for Autism and Related Disorders, 2019）。日程表和规则可以消除未知的不确定性所带来的焦虑。有了规则和结构，学生们就知道该在什么时间做什么，这让他们觉得只要遵循既定的规则，就是在做正确的事情，这样的认知能让他们宽心。

依赖可视化日程表会降低谱系学生课上独立活动的能力吗？

许多教师、父母和监护人担心，使用可视化日程表会加深学生对日程的依赖性，不利于其独立应对问题和发展生活技能。然而事实恰恰相反。你要知道，在学生发展方面，使用日程表能让他们更好地完成任务，从而促进他们的独立性（McDonald et al., 2018）。通过学习安排日程表，学生可以承担起决定自己该在何时以什么方式做什么的责任，而不再向你寻求引导与指令。这就是独立。

缓解焦虑的策略

毫无疑问，焦虑是影响学习的一项障碍（Kelly, 2018）。当谱系学生因某事而焦虑时，他们可能会做出极端反应。因此，我们的当务之急就是预见焦虑的热点，未雨绸缪，降低热度。

我要如何开始使用可视化日程表？

可视化日程表有很多形式，所以你需要考虑哪种类型的日程表更适合你的谱系学生。需要考虑的两个因素是展示形式（representation）和表现方式（presentation）。

展示形式

鉴于学生个人的解码和理解水平不同,日程表在期望方面的展示可以非常具体,也可以比较抽象。然而无论日程表设计得多么完美,如果使用它的学生不能完全理解,那它都是无效的。因此,为学生设计可视化日程表的第一要务就是选择展示形式。在你定制日程表时,一定要考虑是否适合学生的阅读、理解、思维和实施能力。

如图 2.1 所示,最具象化的日程表是实物日程表,即使用实物向学龄前儿童和具象学习者展示预期内容。你可以在招贴板上用魔术贴固定各种物品制作这类日程表,尺子表示数学,小球代表体育,勺子象征午餐,而玩具校车的意思就是放学。

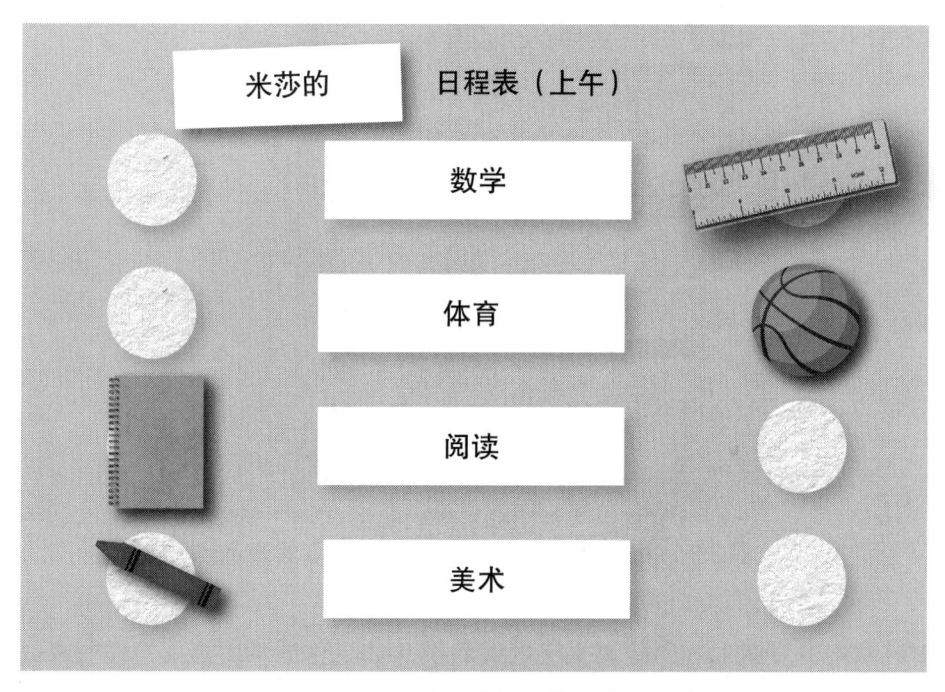

图 2.1　用圆形魔术贴固定物品的实物日程表示例

如图 2.2 所示,比实物日程表略显抽象的图片日程表会使用学生参与活动的特写照片。

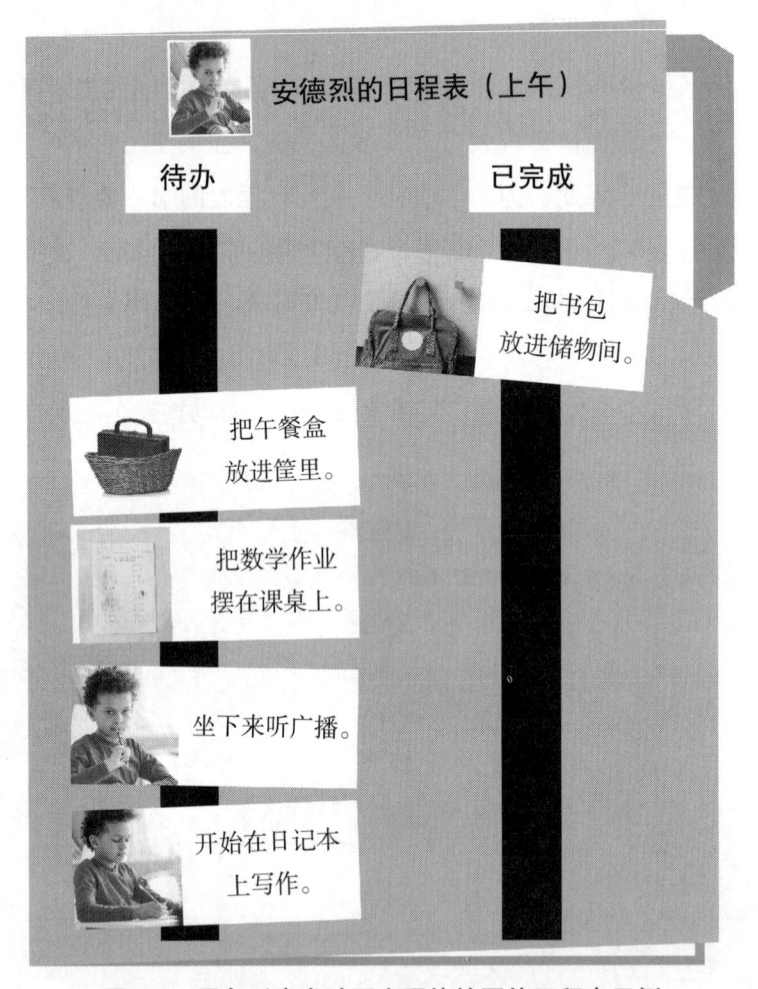

图 2.2　用条形魔术贴固定照片的图片日程表示例

　　而最常用的展示形式是配有文字的线条图。如果你的学生能够解读线条图的含义，并能将其泛化应用，那么这种日程表最合适不过。图 2.3 是用图标磁贴贴在磁性白板上制作的日程表示例。这种日程表会使用覆膜的线条图；你可以用魔术贴或图标磁贴，将线条图固定到日程表上，并允许学生移动它们。每当学生完成一项任务，他们就可以在"已完成"列表下放置一枚"已完成"的图标磁贴。

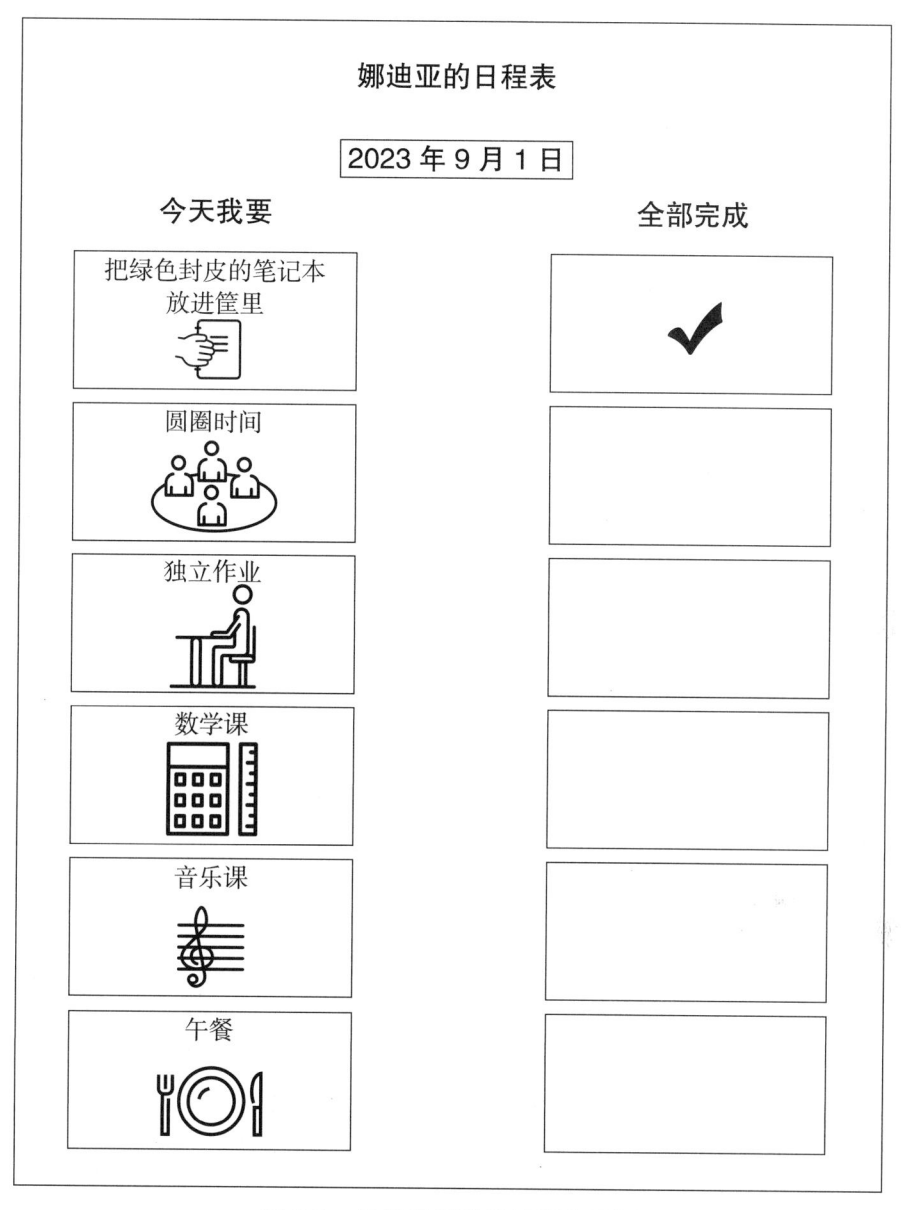

图 2.3　使用线条图的日程表示例

年龄大一些的、阅读能力扎实的以及熟练使用日程表的学生们，最终都能使用纯文字的日程表。随着学生的成长和发展，在适当的时候，用文字信息较多的日程表替换可视化日程表，对学生来说会更好，以免他们感觉图片日程表太幼稚。然而，有些学生始终无法理解或使用纯文字的日程表。当你更改日程表形式时，务必先和学生分享和解释新的形式并提供练习的机会，帮助学生做好准备。在更改形式后，及时关注学生在学习、行为、社交或组织方面是否出现了退步。如果退步了，这说明日程表的复杂程度可能超出了学生的能力范围。一旦出现这样的情况,只需用回原先的形式就好,它能给予学生所需的支持。

如图 2.4 所示,使用覆膜的纯文字日程表,学生可以使用记号笔勾选已完成的活动。年龄较大的学生和有社会意识的学生可能更喜欢把他们的日程表收进活页夹或课桌里。

汤米的实验室日程表	
星期一	
待办	已完成
在下课铃响起前,安静地坐着。	✓
阅读实验任务。	✓
把你的问题全都写下来。	✓
被点名时,问出你的问题。	✓
收集任务所需的材料。	✓
把材料送到实验台。	
与小组成员一起,按照实验说明分步操作。	
清理实验台。	
将设备放置在实验室的水槽中。	
把你的实验反思写在笔记本上。	
安静地坐在课桌前,直到铃声响起。	

图 2.4　干擦板上的纯文字日程表示例

表现方式

无论你给学生选了哪种形式的日程表,都需要考虑表现要素。对很多学生来说,在使用的日程表上有可操控的组块,效果更好。如图 2.1、2.2 和 2.3 所示,磁贴日程表和使用魔术贴的覆膜日程表,都是建立触觉互动结构的最佳方式。当学生完成一项任务时,他们可以手动将图标磁贴或覆膜卡片从"待办"列表挪到"已完成"列表。这些图标被称为图片沟通符号(picture communication symbol, Holyfield, 2021)。你可以在学校打听一下,特殊教育部门可能已经有了或是可以获得许多这样的图标,他们可以分享给你。

只要你集齐学生所需的课堂常用图标，你就可以用到天荒地老了。

另一种呈现方式是数字化。部分学生更容易被数字化资源所吸引，他们对可以在笔记本电脑或平板上操作的日程表反应最好。有许多专门为谱系学生设计的自定义日程表应用程序（Holland, 2022）。对于年龄较大的学生或有社会意识的学生来说，电子日程表额外提供了自主处理权。最受欢迎的电子日程表应用程序有"首先-然后可视化日程表（First Then Visual Schedule）"，"日程选择（Choiceworks）"，以及苹果或安卓版的"Tiimo 每日计划（Tiimo Visual Daily Planner）"。

该如何使用可视化日程表？

最重要的一点，就是要知道制定日程表只是第一步。本节将探讨提升可视化日程表有效性的三条经验：（1）含义最大化；（2）导向与转向；（3）遵守日程。

含义最大化

你要教会谱系学生日程表是怎么用的。最好在安静的环境中一对一地进行讲解，周围不要有其他学生。告诉学生每个图标代表一项活动，并为学生示范应该在什么时候才能把图标挪到"已完成"列表下。在没有提前向学生说明并确定他们已经理解前，千万别想当然地认定学生能够理解你的意图。请记住，大多数谱系学生的思维都极端具象化，而你给的许多信息可能都包含潜台词或期望值（Stanborough, 2019）。

你不仅要把图标的含义解释清楚，还要把其隐含的内容说明白，这一点十分重要。充分讨论每个组块，提供相关参数，说明该组块有什么含义、没有什么含义。举个例子，如图 2.2 所示，安德烈的日程表中有一个图标，上面写着"开始在日记本上写作"。从这句提示可以延伸很多内容，但对此表中并没有做出明确说明。若想成功完成这项任务，学生必须事先了解，并熟知以下事项：哪个本是日记本、它在什么位置、应该用什么笔写、要写多少字、写作时间是多久以及日记都有哪些类型、每一类日记要怎么写。这句提示还隐含了学生应该掌握的技能。

但是对于谱系学生来说，我们必须进行检查和验证。比如，安德烈知道写日记时要保持安静吗？他明白日记是隐私吗，他知道不该偷看其他同学的日记吗？他是否清楚应该从日记本的第一张空白页写起，而不是随便挑一页写？他有没有意识到每次都要写新的内容，而不能一遍遍地重复抄写？他知道正确的握笔姿势吗？

如果安德烈这些方面的知识或技能掌握不足，他就可能无法按提示完成任务。

所以，你若没想清楚自己的指令中隐含了哪些期望，很容易就会认为他不守规矩。请把你的意图明确且具体地表达出来，如果你感觉还有可能出错，那就继续讲解并复述，或者换一个内容更具体的图标。给学生机会练习所需技能，切实表示他们对该提示的理解，以及是否有能力完成任务。

引导与转向

一旦制定好日程表，而你也确信每个谱系学生都理解它的含义，那么你就可以引导学生使用日程表，掌握自己的日程安排。从一项活动过渡到另一项活动时，如果学生不确定下面该做什么了，请提示他们查看日程表。当学生跑来问你，"我现在要做什么？"或是"我做完了，下面我该干什么？"你只需引导他们查看日程表。这种的目的是让学生转向并依赖他们的日程表获取信息，时间长了有利于预防焦虑，并促进独立。记得提醒学生及时更新日程表上的任务完成情况。

严守日程

为了避免一叶障目，请时刻谨记，可视化日程表对谱系学生有效的主要原因是它的可靠性。不论你选择哪种展示形式，不论你选择哪种表现方式，也不论你把日程表的内容、期望和含义说得多么清楚，如果学生不能完全按照日程表上的安排进行当天的活动，那么这份日程表就起不到任何作用。而决定权在你手上。你必须严格按照日程表安排事项，这样学生才能相信你不会让任何意外发生，从而减轻他们的焦虑。他们需要确定的不仅是有日程表，更要确定你会严格按照日程表行事。

当我知道日程安排会被打乱时，该怎么做？

有时，我们可以预见日程安排会被打乱——比如，事先计划好的集会或外出研学。当你提前知道日程变动时，一定要及时告知谱系学生，并将这个变化加入他们的日程表内，这样他们就有时间调整自己的期望，这对他们很有帮助。

> 可视化日程表对谱系学生有效的主要原因就是它的可靠性。

不过，你也要理解情况因人而异：给予充分的过渡时间，有些学生能适应变化；但也有些学生会更加焦虑。有的时候，同一个学生的反应也会有所不同，这要取决于干扰的本质、学生在特定事件中的投入程度，以及他们目前生活中有多少其他不稳定因素。即便如此，最好也别搞突袭。提前告知学生，让他们有机会转换并调整预期。通常，在早上到校时，谱系学生就已经锁定了当天的全部预期。因此，你要提前一天通知他们即将发生的变化。再根据学生的反应，调整下一项活动开始的时间。

让我们来看一看让学生打乱计划、脱离舒适区的常见情况：计划改变、教室变化、特殊活动、过渡和新的学年。

计划改变

当你知道既定日程计划会发生改变时，要及时提醒谱系学生，并帮助他们顺利完成转换和调整预期的困难过程。例如，你发现今天午饭的鸡肉条要改成比萨，那么在学生进餐厅前就要告诉他们，你还可以帮助他们重新选择午餐搭配。

谱系学生不仅有每日例行的活动，他们可能还有每周、每月甚至每年例行的活动，无论违背哪种计划，他们可能都会十分苦恼。所以，如果你知道机房要因维修而暂停使用，你们班本周四的计算机课不能上了，请提前告诉学生。如果他们感到焦虑或不安，请向他们保证，机房很快就能维修完毕，电脑也都没问题，下周的日程安排会恢复正常。告诉他们或向他们展示，本周不上计算机课，那他们要做什么，同时确保他们在日程表上已经做好了替换。

对谱系学生来说，消防演习、封锁演习（lockdown drills，目的是防止学生受到校内潜在危险的威胁）和封闭演习（lockout drills，目的是保护学生不受校外潜在危险的侵害）会让他们感觉压力巨大，不过校方管理人员会提前做好安排计划。要让校方事先通知你何时演习，给你留出几分钟告知学生。老师不在也会对谱系学生造成很大压力。如果你第二天不能到校，也请提前告诉学生，如果可以，告诉他们代课老师会是谁。稍后，我还会给你一些处理有关临时缺席和计划外情况的具体建议。

教室变化

教室里的一点变化也可能对谱系学生产生很大影响。比如，你要调整座位，或是要修改现行的班规、班级组织建构或注意事项，请让弱势学生提前知道。更好的做法是，让那些对变化敏感的学生参与其中。让他们身体力行，能提升他们的主人翁意识和对变化的掌控感。这是一种强有力的赋能方式，有利于他们缓解压力、适应改变。

特殊活动

虽然典型发育学生可能觉得特殊活动是令人兴奋的插曲，但对谱系学生而言，特殊活动往往是打破现状的高压枪。在外出研学前，需要把能告诉学生的信息都告诉他们。比如，他们早上、途中、到达后、返程路上以及回来后都会发生什么，让他们知道这与普通的上学日有什么不同。此外，为了帮助他们更好地应对这些不同所带来的焦虑，要让他们知道有什么是不变的！举个例子，你正在为学生奥马尔去博物馆研学做准备。尽管会走另一条路线去动物园，但这和乘坐校车上学非常像，告诉他：那会是一辆黄色的巴士，每排座位坐两名学生，等等。即使去了博物馆，你仍然是他的老师，而马里索尔也还是他的好兄弟。在博物馆内要像在学校一样，不能乱跑。

在为谱系学生参加特殊活动做准备时，你可以试一试以下策略。

- 在集合前，给学生看一些与活动相关的表演或演讲视频，让他们大致了解应该期待什么。
- 在外出研学前，浏览相关网站，找一找出行目的地的导览视频或照片。
- 如果学生在课堂上高度依赖可视化日程表，你可以考虑准备一份外出研学的日程表，帮助他们了解新场景下的不同情况和期望。图2.5是外出研学日程表的示例。

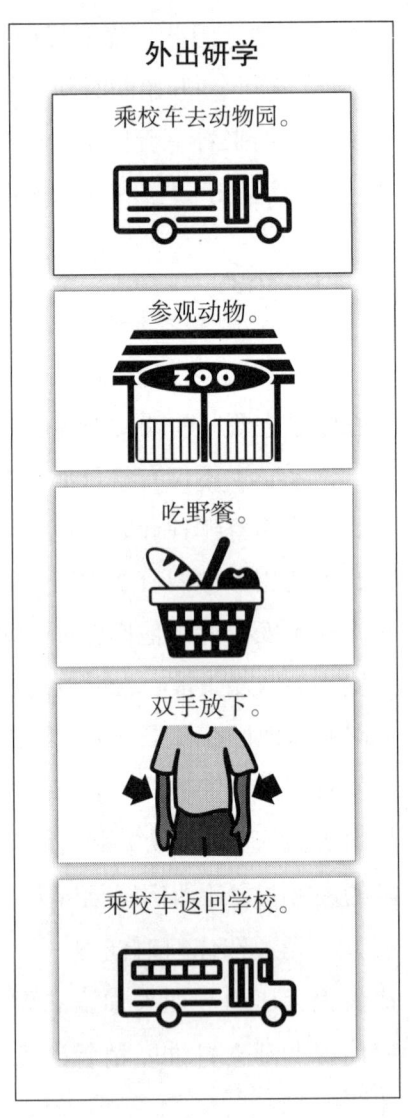

图 2.5　外出研学日程表示例

这份日程表能让学生大致了解外出研学的预期。一些学生需要更详细的活动描述，你可以将其写在他们外出随身携带的子日程表上，例如，旅途中会发生什么、不会发生什么。学生可能会受益于以下信息：到达后，先要进行一次集合，学生们会被分组配对，同组的伙伴们可以一起逛一逛，他们会去看某些动物（他们并不需要把每种动物都看一遍），按照计划全班同学都要在某个时间观察喂食，手、手指、食物和随身物品都不能靠近动物围栏，等等。

过渡

过渡是对日程安排的中断。虽然老师经常会提前给学生倒计时,让他们为过渡做好准备,可我们很少会指导学生如何度过过渡期。正如前文所述,每天都有很多次的过渡,对谱系学生来说过渡可能是最困难的时段。有些重要的过渡会涉及整个班级,比如早上到校、换教室、去吃午餐、课间休息或自由活动,以及放学。有些过渡可能看起来变动很小,但仍然会造成压力,比如从一项课堂活动转换到另一项,或者从个人活动转变为小组活动再变回个人活动。还有一些个人的过渡,比如谱系学生离开教室去上相关的服务课程,以及课后返回班级。

如果谱系学生经常不知所措或心神不安,而你并不知道为什么,那么你要仔细观察,看看这种情况是不是发生在特定的过渡期。如果是,你可以为这些过渡期制作日程表。过渡日程表能够指导学生度过过渡期,在过渡期,他们要停止正在做的事,收起他们手中的用具,取出下一项活动所需的特定用具,然后安静地回到自己的座位。再举个例子,学生可以带一份从教室到治疗室的过渡日程表。它能让学生做好准备:在去往下一项活动的路上要干些什么,以及到达后要如何适应。图2.6和图2.7是缓和学生过渡期焦虑的子日程表示例。如图2.6所示,"首先-然后"日程表是一种简单却十分高效的方法,可以帮助学生为下一步做好准备,还可以在多步骤指令中为学生提供支持。图2.7中的过渡日程表有助于引导学生度过难挨的乘校车时段,学生在此过渡期内,社交和感官压力巨大。

图 2.6 "首先-然后"日程表示例

图 2.7　社交和感官压力极大时的过渡日程表示例

新的学年

最能破坏学生舒适感与安全感的事情莫过于新学年的开始。同一时间要接受太多的新事物：新的教室、新的老师、新的同学、新的桌椅、新的装饰、去卫生间和餐厅的新路线、新的课堂规则、新的行为期望，等等。

在新学年开始前的一两天，邀请新来的谱系学生参观一下教室，这个学年教室的布置应该都是如此，除了楼道还有些安静。让他们观察这间教室，并在里面待一会儿，可以坐在座位上，感受这里独特的气味和声音，熟悉教室里的各种设施，认一认去其他教室的路，看看你的脸、听听你的声音，最好能问你几个问题，了解一下开学第一天的日程表。你揭开了新学年的神秘面纱，给学生一个良好且舒适的开局，这将帮助他们强力起步。

> 在新学年开始前的一两天，邀请新来的谱系学生参观一下教室，这个学年教室的布置应该都是如此，除了楼道还有些安静。

当意外事件打乱日程安排时，我该如何支持谱系学生？

突发事故、技术故障和其他灾难发生前没有预警，也没有做准备的机会，因此这类事件可能是谱系学生会遇到的最有压力的情况之一。不过这并不等于你不能提前备好预案。既然你知道这类事件确实会发生,那么就抓紧制定应急计划吧,这对谱系学生非常有用。以下是一些常见的、可能会发生却不可预测的情况,包括火灾、封锁和封闭,以及其他意外事件。

火灾、封锁和封闭

火灾、封锁和封闭的情况很可怕,任谁都会有很大压力。然而,这类事件对谱系学生来说更有挑战性,它们不仅会打断日程计划、引发预料外的事,伴随而来的还有刺耳的警笛声或警报声、刺眼的闪烁灯光,以及一整套全新的行为期望,身边的人也会一下子紧张急切起来,而且不知何时结束,这实在让人头疼不已。这样充满压力的场景会令谱系学生不知所措,他们可能无法在事件发生的当下服从指令。

如前所述,事先提醒某些学生何时进行演习是有可能的。然而,谁也不知道真正的紧急事件会在什么时候发生,我们只知道这样的情况会发生。因此,我们要积极主动地采取措施:准备三份迷你可视化日程表,并让学生在发生此类事件时随身携带,包括一份消防演习或其他类型的疏散活动迷你日程表(如图2.8所示),一份封锁日程表和一份封闭日程表。现在就动手,花点时间把它们做出来,以后再有演习或紧急情况发生,就可以靠它们了。

找个安静的时间,向谱系学生讲解这些迷你日程表,尽力加深他们的理解。这样一来,当警笛和警报响起时,迷你日程表就会成为学生熟悉且实用的预期指南。

当此类事件发生时,尽快把迷你日程表发给学生。在整个事件过程中,紧握或携带迷你日程表不仅能为学生提供指引,让他们了解该做什么;还会带给他们一定的舒适感,他们会把它当作过渡物品(transitional object)来减缓压力,更好地度过日程安排混乱的一天。

消防演习日程表

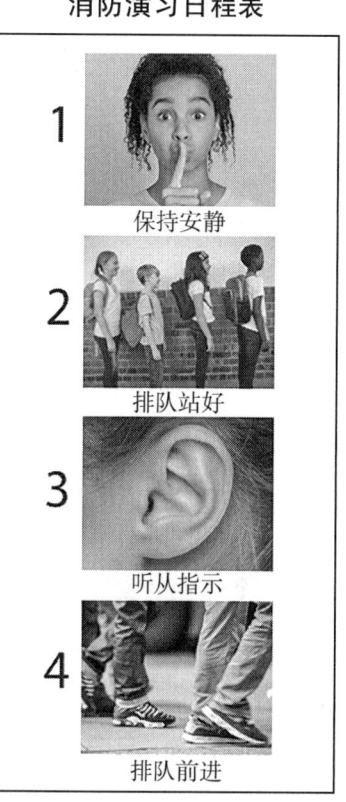

1 保持安静

2 排队站好

3 听从指示

4 排队前进

图2.8 消防演习迷你日程表

其他意外事件

还有一些事我们防不胜防，根本无从准备。危险物品泄露、受伤、呕吐和其他的紧急情况，我们无法预测会在什么时候发生、会在哪里发生，也预测不了会对他人造成怎样的影响。当这类打破秩序的事件突然发生时，学生可能会感到恐慌。任何事情出了问题，他们都有可能反应强烈：纸上的一滴水渍、牛仔裤上的一点污垢，又或是因教室消毒需要临时转移到另一间教室，这些都可能彻底颠覆他们的秩序感，引发他们的激烈反应。他们可能会喊叫、哭泣或是跑跳。他们可能会一直拿着安慰物，或者通过自我刺激行为来平复自己（更多关于自我刺激行为的信息，详见第四章）。有时，学生可能会出现一些对抗性的行为，试图制止这些令人不快的情况。

为了帮助学生应对这类无法避免也不可预测的状况，我们要给他们提供一些自我调节工具。一小箱的平复物对很多学生都有效。我把这种工具箱叫作"冷静箱（coolbox）"。冷静箱中的物品可以提供感官上的舒适感、安全感和踏实感。根据学生的需要，冷静箱里可以放入下列物品。

- 感官物品（sensory objects），如挤压球、按摩球、带耳塞的 iPod、阻力带、降噪耳机等，它们都经过精心设计，能满足特定学生的感官需求。
- 安慰物（comforting objects），每个学生都有自己的安慰物，如全家合影、毛绒玩具、雪花水晶球、最爱的漫画、电影杂志。
- 一篇关于保持冷静的社交故事（Social Story）（关于如何创作社交故事，详见第五章）。
- 平静策略的提示（prompts for calming strategies），例如，深呼吸能让人感觉更好，数到十能帮人平静下来，画画也有助于放松（冷静箱里还要放一些画纸、蜡笔或记号笔，以便使用）。
- 个性化的肯定词（personalized affirmations），比如，"我能按顺序说出历任总统的名字！"或者"我是空手道绿带！"

当学生变得焦虑，或者你发现焦虑有加剧的迹象时，尽量给予他们空间和时间去使用冷静箱。尽管这会耽误他们手头的任务，但这段时间花得值得。

我不在时，如何确保谱系学生一切安好？

这是一个很好的问题。永远不要低估自己对课堂稳定的重要性！是你定下了基调，定下了节奏，（但愿）你本人已经成为谱系学生的安慰锚。也就是说，只要你在，就能给予他们安全感。而同理，只要你不在，他们就会感到不安。此外，在大多数情况下，学生事先并不知道你会缺席，这也不会写在日程表上。因此，当谱系学生走进教室，却发现你不在时，他们的舒适感和对一天的所有期望都会消失。

如果学生高度依赖你的存在和你的课堂管理方式，那么一定要告知管理层，你的课堂十分需要连贯性，代课老师一定要清楚地了解你们班的需求。当你不在时，一定要请管理层优先安排某几位固定的代课老师。而你需要花一点时间，让几位代课老师了解学生的主要需求，帮助学生安心地度过你不在的这一天。

如果管理层不同意给你的班级安排固定的几位代课老师，你可以把本章的内容拿给他们看一看。如果还是不行，那就写一套关于焦虑学生以及班上其他需要额外支持的学生的必读注意事项。内容应该包括以下信息。

- 如何利用、遵守日程表；
- 为什么保证日程表和日程安排不变如此重要；
- 你是如何实现日常活动和课程结构化的；
- 需要注意哪些诱因和情况；
- 出现问题时，该做什么，不该做什么；

将这份注意事项长期保存在考勤簿内，或是放进名为"代课老师"的文件夹中，并敦促代课老师在进班时向自己通报情况。这样一来，即使你不能预先选择代课老师，至少你知道所有代课老师都能掌握所需的信息，从而保持课堂的连贯性和基本的秩序。

> **说到这里……**
>
> **连贯性，有保障**
>
> 给你一条有用的建议，以备不时之需：要养成每天放学后，为学生做好次日日程表的习惯。如此一来，无论今晚到明早发生什么——即使你明天临时缺席——学生也能在走进班级时看到他们信赖的日程表，正如他们预期的那样。

如果可视化日程表不能缓解学生的焦虑，怎么办？

如果你发现可视化日程表并不能缓解学生的焦虑，也请不要放弃它！相反，你要更深入挖掘。学生可能没有充分理解每个图标的含义，需要更加详细的指导。

1. 和学生一起从头回顾日程表的内容，更细致地为学生讲解。

2. 检查学生是否具备执行预期任务的技能。让他们向你证明，他们真的理解了，也能够独立完成每项任务。

3. 如果学生不能展示所需技能，你恐怕还得重新教一遍，或者将任务细化分解，用更多的图标去呈现，帮助学生理解。

也许，你还需要亲自测试一下，同一时间有多少件事。日程表上过多的图标，会让人感到不知所措。因此，你可以试一试，在既定时段只提供一部分日程表，并随着时间的推移不断更新。

另一方面，有些活动里包含了太多任务和过渡，学生可能会需要子日程表。例如，除了要完成实验任务外，还需要做大量的准备和清理工作。学生可能需要一份日程表，列出实验开始前需要完成的任务，以及实验结束后必须进行的清理工作。

随着焦虑的缓解，学生会平静下来——但并不一定能镇定下来。能够让自己镇定下来，或是管理好自己的物品以及自己的行为和反应，需要的不只是表面上的平静。在下一章里，我会对执行功能及其如何调节等内容加以介绍。

家庭问卷

亲爱的家长：

您好！请填写以下问卷，并通过 _____（方式）给我。感谢您的配合。您的联系方式是 _____（电话/邮箱/其他）。非常感谢。我很期待与您和孩子一起工作！

孩子的姓名：	昵称：
父母或监护人姓名：	
电话号码：	联系您的最佳时间：
电话号码：	联系您的最佳时间：
电话号码：	联系您的最佳时间：
电话号码：	联系您的最佳时间：
兄弟姐妹（姓名和年龄）：	
请说一说孩子的优势和特殊兴趣（例如，技术、艺术、工艺、历史、宠物、体育、书籍等）。	
孩子在哪方面面临的挑战最大（例如，数学、阅读、轮流、聆听等）？	
什么样的情况会让孩子感到焦虑或不安（可能是巨大的噪音、过渡、拥挤的人群或其他情况）？当孩子遇到这种情况时，会有怎样的反应（例如，哭闹、喊叫、奔跑、躲藏或其他）？	
当孩子焦虑或不安时，什么能起到安慰作用（例如，安静的空间、最爱的玩具，或是其他)？什么会让情况恶化（例如，被提问、被拍肩膀）？请具体说明。	
您还想让我了解或注意什么其他问题吗？（如有需要，可以在问卷背面继续填写。）	

来源：The General Education Teacher's Guide to Autism©2023 Barbara Boroson · SolutionTree.com

第三章　执行功能

孤独症谱系学生面临着多种挑战，而其中一种具有破坏性且能加剧其他挑战，它就是执行功能障碍。执行功能（executive function）是大脑对往来信息的认知管理能力。哈佛大学儿童发展中心（2015）对执行功能的描述如下：

> 能够集中注意力，记住信息并进行处理，过滤干扰、切换转档，就像大型机场的空中交通控制系统，同时管理多条跑道上数十架飞机的抵达和离港。在大脑中，这种空中交通控制机制被称为执行功能，它是帮助我们同时处理多条信息流，并在必要时修改计划的一组技能。(p.1)

有注意缺陷多动障碍（ADHD）的人几乎都有执行功能障碍，而有孤独症的人通常也都有执行功能障碍（Lawson et al., 2015）。执行功能异常是许多其他障碍的核心问题，它会导致学生难以调节自己的情绪、思想、注意力、行动和反应（Demetriou, DeMayo & Guastella, 2019）。他们对任何诱因或挫折的反应可能都会相当激烈。而且，在极端的恶性循环中，他们无意间的激烈反应更容易引发他们的问题。

与执行功能相关的挑战包括元认知问题（又称"冷"执行功能，cool executive function skills），如集中注意力、激活先验知识和概括信息的能力，以及情绪和社会问题（又称"热"执行功能，hot executive function skills），如对抗挫折、调节和谅解的能力（Demetriou et al., 2019）。谱系学生在理解和完成任务、保持冷静以及与他人相处上都存在困难，而执行功能障碍是重要原因之一。本章将探讨执行功能障碍导致的问题行为和挑战，同时也为你提供了提升执行功能的策略。

关于执行功能的问题

尽管谱系学生遇到的许多困难都源于他们在执行功能方面的挑战，但你对这一点的认识可能还不够深刻。阅读本章，你可能会惊讶地发现，许多普遍的和特定的挑战都能通过执行功能的多焦点视角来理解和解决。

本节将重点讨论以下问题。

- 哪些挑战与执行功能有关？
- 执行功能在课堂上怎样体现？

哪些挑战与执行功能有关？

有执行功能障碍的学生并不会三思而后行。他们在时间管理、计划和坚持完成任务方面存在一定困难。而他们的表现各不相同，有的太盲目，有的太迷糊，也有的会大笑不止，他们无法从一项活动转换到另一项活动。他们难以组织自己的想法和准备课堂材料。总之，这些挑战会让学生做什么都难，从早起穿衣、记住作业、吸收知识并展示，到控制脾气、结交朋友和维系友谊，处处都有困难。

执行功能异常带来的挑战是多方面的，主要影响了认知的三个广泛领域：（1）工作记忆（working memory）；（2）认知灵活性（cognitive flexibility）；（3）抑制冲动（inhibition）（Demetriou et al., 2019）。

工作记忆

工作记忆是指我们的大脑记住信息的能力，能让我们存储信息，也能让我们轻松地检索、调用信息（Center on the Developing Child, 2015）。例如，有效的工作记忆能让学生在计算十位乘法与个位乘法后，再把两个乘积相加得出结果。有效的工作记忆能让学生按顺序执行多步骤的任务，例如："请把烧杯冲洗干净，并将其倒置在滴水架上，擦拭操作台，将护目镜挂在挂钩上，然后坐回自己的座位，直到下课铃响。"为了集中精力把烧杯冲洗干净并将其倒置在滴水架上，学生需要暂时把后续指令放到一边，以免被它们分心。当洗净烧杯并放在滴水架上时，学生需要快速检索记忆中的下一步骤（如擦拭操作台），同时也要短暂地将之后的内容放在一边。有工作记忆挑战的学生很难确定任务的优先级、保持注意力、一步步完成任务、激活先验知识等（Cowan, 2014）。

认知灵活性

认知灵活性是指随机应变的能力（Center on the Developing Child, 2015）。认知灵活性的反面是认知僵化，这是孤独症谱系障碍的一个标志性特征。举例来说，认知灵活性能让学生转换状态，例如，从在操场上可以大声喧哗转换到在历史课上要轻声细语。灵活性能让学生适应意想不到的变化，例如，当他们把笔放错地方时，当自助餐厅的鸡块售罄时，或是当消防演习打断数学课时。认知灵活性使学生能够接受新的观点、新的信息。它为成长型思维模式的发展奠定了基础（Dweck, 2015）。

认知僵化使学生难以适应计划改变，难以接受替代意见、修改策略、更新信息，难以从经验中学习、概括信息，难以根据不同的情境调整自己的行为，难以原谅自己和他人的错误，难以在需要时使用替代性应对技能。认知僵化让人难以打破固定的思维模式（Center on the Developing Child, 2012）。

抑制冲动

这里说的抑制不是指拘谨（shyness），而是指能够对反应起到抑制作用，能够在行动或反应前三思（Center on the Developing Child, 2015）。适量的抑制有助于学生控制自己的冲动，考虑自己的言行，做出深思熟虑的选择，保持注意力集中，耐心等待，并对各种情况做出恰当的反应。抑制冲动障碍使学生在说话和行动时不做思考或不计后果。他们可能做不到耐心等待、提前计划、调整节奏、坚持完成艰巨的任务，等等。

虽然执行功能中的抑制能力主要体现在控制想法、注意力和行动上，但它也包括自我调节，所谓自我调节（self-regulation）通常是指我们管理情绪（如沮丧、不耐烦和愤怒）的能力（Diamond, 2013）。从这一点上说，我们可以把自我调节当作执行功能抑制领域的一个子集。

执行功能在课堂上怎样体现？

这个问题十分重要。学生的许多看似不当的行为可能都是执行功能障碍的体现。了解执行功能障碍的表现，能够帮助你进行有效应对。表3.1列举了多种与执行功能相关的实际挑战，这些挑战会影响学生的学习、行为和社交。

表 3.1 在课堂上，由于执行功能障碍，学生可能会遇到的挑战

执行功能	
学业	
• 激活先验知识 • 算算术（心算） • 完成任务 • 将信息置于情境中理解 • 估算时间或数量 • 专注于任务	• 概括信息 • 进行推断 • 领会言外之意 • 调整节奏 • 开始、暂停和停止学习 • 更新信息
行为和应对	
• 适应变化 • 调节情绪 • 有耐心 • 考虑情境 • 控制冲动 • 从错误中学习	• 调整反应 • 坚持完成任务 • 转换 • 保持冷静 • 思维灵活 • 容忍挫折
自主与社交	
• 接受不同意见 • 对新观点持开放态度 • 原谅错误 • 管理好自己的财务 • 管理时间和空间 • 方向转换	• 组织任务 • 预测结果 • 反思原因与后果 • 与同伴分享 • 轮流 • 客观思考

来源：改编自 Boroson，2020。

训练执行功能的策略

帮助学生提高他们的执行功能并不是一件容易的事。抛开背景和已经掌握的信息，这些做事易冲动的学生，怎样才能记住要停下来获取并学习新的技能？那就是在学习、行为和社交情境下，给学生留出行动前思考的时间，这正是教育工作者面临的主要挑战。

如何通过提高执行功能来提高学生的学习成绩？

就学习而言，最好的策略都需要你在讲课和布置作业时强化执行功能，以便学生在课程学习中练习和掌握新的技能。

以下是一些简单有效的方法（Hume, Boyd, Hamm, & Kucharczyk, 2014）。

- **事先提醒**：将重要信息标示出来，让学生意识到该在哪里更用心学习。你可以在电子白板（SMART Board）和学习清单上，使用不同大小、样式或颜色的字体，或者用边框来突出关键点。上课时，你可以模仿吹号手宣布重大新闻，或者用其他吸引注意力的技巧，但音量不能太大，且一定要持续使用。无论你选择哪种技巧，一定要向谱系学生解释明白你宣布的内容到底有什么含义，对他们有怎样的行为期望。

- **暂停和思考**：在你向全班提出讨论问题后，留出一分钟的思考时间，再让学生开始回答。给他们一个专心思考的机会，大多数学生都能受益（Takayoshi & Van Ittersum, 2018），而那些存在执行功能困难的学生，确实需要提醒和一点额外的时间梳理思绪、形成想法。务必提示谱系学生该如何利用这段时间：他们到底应该思考什么，以及根据这些思考他们该做些什么。

- **练习预测**：在你的课上，穿插一些让学生预测的机会。在给出预测问题前，引导学生认真思考之前发生的事情。问类似这样的问题："根据前三次我们用数字与 1 相乘得出的结果，你认为我们用 67 与 1 相乘会得出什么？"

- **引导思维**：使用概念图（concept maps）、思维导图（mind maps）、品格树（character trees）、头脑风暴（brainstorming webs）、时间线（timelines）和韦恩图（venn diagrams），促进相关先验知识的检索和选择。这些思维组织工具能引导学生找出各个观点之间的联系，帮助他们剔除无关信息、专注重点内容。一定要教会谱系学生如何使用这些工具，以及如何将相关信息融入他们的思维过程。

- **规划路径**：为所有学生提供各种纸质的和电子的图形组织工具及大纲，帮助他们做好规划、开始工作并保持正轨。一定要教会谱系学生如何使用图形组织工具，还要教他们如何从中推断，从而指导他们的学习过程。

- **将内容情境化**：在讲新课时，将新的内容放入明确的情境背景中，让学生理解新知识如何与旧知识相对应，以及该在哪里进行认知归档以便检索（更多关于内容情境化的信息，详见第六章）。

- **保持一致**：正如特殊教育专家克里斯蒂娜·斯库利（Kristina Scully, 2019）所建议的那样，"每天在同一个位置布置作业。把作业本放在固定的位置，意味着孩子/青少年省下了找作业所需的脑力"，留出更多的脑力来准确记录作业并把它们装进书包。
- **要记住**：鼓励学生坚持使用记事本，并教会他们如何有效地使用。如果你的学校使用数字平台布置家庭作业和课堂讲义，请确保学生完全理解该系统，并将备份说明发送给父母和监护人。请注意，执行功能障碍会影响学生自发地从错误中学习（Mohamed, Börger, Geuze, & van der Meere, 2019），因此那些总忘记记作业的学生，并不一定会萌生使用记事本的念头。儿童心理研究所学习与发展中心（Child Mind Institute Learning and Development Center）负责人马特·克鲁格（Matt Cruger）指出，无论说多少次，他们总是忘记家庭作业，"孩子们都记不住，如果他们不把作业记在本上，他们就记不住自己的作业"（引自 Ehmke, n.d., p.4）。
- **分步分块**：将任务和指令分解成小块和基准（也可以教学生自行分解），以建立信心并发展支架能力（scaffold skill）。将复杂的活动分解成一个个步骤，也有助于学生记住信息（Fonollosa, Neftci, & Rabinovich, 2015）。
- **检查**：在进行多步骤活动时，日程表上没有列出详细说明，那么使用简洁的检核清单有助于学生遵循指示、监控进度和增强动力。如图 3.1 所示，在阅读活动中，使用《阅读理解检核清单》能帮到学生。
  - ◆ 你要确保检核清单或相关工具上使用的所有词语（如图 3.1 中的转折词）都已经明确给出定义，而你也问过学生，他们都理解了。
  - ◆ 你要确保向谱系学生传授任务所需的全部技能，教会他们如何使用检核清单（并告诉他们，一定要在每一项任务完成之后进行检核，而不能在任务完成之前检核）。

> 如果你的学校使用数字平台布置家庭作业和课堂讲义，请确保学生完全理解该系统，并将备份说明发送给父母或监护人。

阅读理解检核清单		
预读	仔细阅读这篇文章。	✓
词汇	在不懂的词语下划线。用字典查词义，并在词语上方写一个同义词。	
转折	找一找转折词，例如虽然、但是、除了、然而、尽管、除非、可是。把这些词都圈出来。	✓
复读	再仔细阅读一遍。	
中心思想	停下来想一想，你读到了什么。这篇文章主要讲的是什么？通读文章，并在中心句下划线。	
写作目的	再想一想作者为什么要写这篇文章。作者想传递给读者什么信息？通读文章，将作者的写作目的用方框框起来。	

图 3.1　阅读理解检核清单示例

- **保持联系**：在学生自学期间，和他们聊上几句，帮助他们调整注意力、监控进度、检查顺序，还可以更新基准和目标。
- **关注时间**：使用计时器，帮助学生看到他们还剩多少时间，以及剩余时间过得有多快。一些学生使用普通沙漏就有效果，但也有一些专为孤独症谱系学生设计的计时器，使用起来效果更佳。Time Timer 是一个可视化计时器品牌，已有时钟、手表、App 应用程序等多款产品。Sharing Timer 是另一款具有相同功能的应用程序。

如何通过提高执行功能支持学生的行为和应对技能？

谱系学生破坏规则时，很少是在卖弄炫耀，也基本不是在搞对抗。更大的可能是，他们没有充分理解规则或期望，或者他们不具备遵守规则或期望所需的技能，如第二章所述。在理解规则方面，执行功能发挥着重要作用。在激活先验知识、内容情境化与信息概括、集中注意力、做出推断和更新信息等方面存在执行功能问题，都可能导致学生违背既定程序。此外，无法理解规则，会令学生的焦虑卷土重来，从而引发其他方面的执行功能问题，如耐心、控制冲动、调节反应、保持冷静和容忍挫折。这时，就可能出现破坏性行为，而规则也会随之被打破。

谱系学生和其他有执行功能障碍的学生很可能不断重复犯同样的行为错误。多数情况下，这是因为他们无法随时获得元认知技能，如反思过往经历、从错误中吸取教训，或是慎重选择以不同的方式处理问题。一些学校十分重视社会情感学习（social-emotional learning, SEL），开设了教授这些技能的课程。与其他学生相比，谱系学生和其他有执行功能障碍的学生可能需要教师更详细地解释和反复强化这些课程内容，无论如何，明确的课程可以帮助所有学生提高社会情感能力。

> 谱系学生破坏规则时，很少是在卖弄炫耀，也基本不是在搞对抗。更大的可能是，他们没有充分理解规则或期望，或者他们不具备遵守规则或期望所需的能力。

思维僵化可能会导致谱系学生坚持维持现状，哪怕此刻的行为不合时宜。他们的行为和反应也可能完全是冲动造成。因此，在应对执行功能障碍导致的问题行为时，惩戒干预（disciplinary interventions）往往会适得其反。和其他厌恶疗法一样，惩戒干预只会进一步加剧焦虑，削弱应对技能，而且也无助于教师教授必要的新技能（Anderson, 2018）。相反，特别是在出现问题行为的情况下，运用汇报讨论、重新教学等认知行为策略，才是与这些学生一起解决问题的关键（Mendler, 2016）。

在建立支持技能的同时，你也要以耐心和理解的态度应对问题行为和刻板行为，从而提升你自己的执行功能。通过这种方式，你为那些有障碍的学生树立了自我控制的良好榜样，并为整个班级定下了共情、包容和接纳的基调。

请记住，冲动的列车一旦启程，就拦不住也无法转向了，因此最有效的教学时间是冲动过后，待学生情绪平复且压力降低时，他们才能学习新的策略，并将其同化为一种肌肉记忆（Shaw, 2021）。

> 在建立支持技能的同时，你也要以耐心和理解的态度应对问题行为和刻板行为，从而提升你自己的执行功能。

以下是一些支持行为和应对策略。请在学生平静且环境安静的时候，把这些策略介绍并教授给他们。

回顾与重新教学

以非评判的方式与学生一起回顾问题行为发生的情境。引导他们反思事情的发展过程。例如，在安妮莎找回遗失的钢笔并冷静下来后，花几分钟时间引导她回顾发生了什么：她发现自己的钢笔不见了，于是立即夺下了韦斯利手中的钢笔。帮助安妮莎思考，她的反应有哪些问题。共同制定一个计划，以便今后能以适当的方式处理类似的情况。给她提一些策略，比如，当我发现东西不见了，我不能去抢别人的东西。我要在自己的课桌和书包里找一找。如果没找到,我要向老师寻求帮助(这样的内容也可以写成社交故事,详见第五章)。

如果条件允许,尽量抽出时间详细询问任务的成功之处与失败之处,同时提醒学生注意哪些方法有效(更多关于预防和解决刻板行为的系统性和全校范围内适用的方法,详见第七章)。

发布提示

在学生的视觉日程表中使用图标来提示一天所需的执行功能(McDonald et al., 2018)。创建图标——如:在开始前暂停并思考、暂停并回顾、检查你的挫折级别、深呼吸三次、休息、安静等待,以及提前计划。一定要向谱系学生说明这些提示的意思和暗示。请记住,做推论对谱系学生来说十分困难,因此,当你花时间解释说明书中包含的所有术语时,无论是学业、行为还是其他方面的术语,学生都会表现得更听话,这样你的学生就不必自己填补这些神秘的空白(Ehmke, n.d.)。

让我们花一分钟的时间暂停并思考"在开始前暂停并思考"这则提示中隐含的意思。要暂停多久?学生应该思考什么?我们要开始干什么?——明确并逐一讨论,或者在提示中做详细说明,还要检查学生是否理解。

常规化

在进行特定任务、活动或过渡时,如记作业、写日记或收拾书包准备放学,如果发现学生遇到挑战,你可以创建一系列专门的期望,用以提示预期行为(Scully, 2019)。带学生学习和练习其中必要的技能,直到能够顺畅地使用。为特定活动制定一份迷你日程表,这是一种将期望目标分解的方法。

例如,当你向全班宣布该写日记了,学生立刻就能看到"准备写日记"的提示,上面列出了他们必须采取的步骤。随着时间的推移,只要听到写日记这三个字,学生就能在脑海中浮现一系列动作:哦!写日记的常规做法!也就是说,我要拿起铅笔,拿出我的日记本,回到我的座位,闭上嘴。常规让学生的生活更加可预测,它能帮助所有学生做计划、保持专注、遵循多任务指令、调整自己的节奏并独立完成任务。

像这样等候

提供等候策略。典型发育学生和成人更倾向使用潜意识策略,比如,"在等待时,我会……"或者"与此同时,我会……"然而,有执行功能问题的学生通常只会等待不会做别的，因为他们执着于等待的事物，无法自拔。这让等待变得无休无止。可以在等待的时候，给他们一些事情做，比如玩减压玩具（fidget toys）、益智游戏（crossing their fingers），或者在脑海中背诵歌词或电影对白。

给一个理由

给出完成任务和期望的理由，帮助学生理解为什么要这么做。典型发育学生通常能够从作业和任务中推断出意义和目的。例如，你告诉全班同学，等他们做完测试，他们应该把试卷正面朝下放在桌上，安静地坐着，直到测试时间结束。典型发育学生可能会自发地推断出这些指令的基本原理，大致如下：

> 我觉得，老师不希望我们在测试完成后站起来把试卷交给她，因为这样会打扰其他还在答题的学生。我猜，老师想让我们把试卷正面朝下放在桌上，这样其他人就不能抄袭了，或者这样她就能知道我们已经做完了。当然，我们必须保持安静，因为其他学生还在答题。

然而，谱系学生却很难做出推论，我们的许多指令对他们来说似乎都是莫名其妙的、随机的。当他们无法凭直觉判断出我们为什么会有这样的期望时，他们就只能死记硬背。可这会让指令更难被记住，也更不容易被流畅地执行。你应该花一点时间，简单解释一下为什么要求学生完成某些任务。对他们来说，一旦这些任务有了意义，他们就会更容易记住并执行（Ehmke, n.d.）。

说到这里……

我的脏衣服

在我儿子十来岁的时候，我教他怎么洗衣服。我给他展示了洗衣机上所有的按钮，告诉他每个按钮代表什么意思。我告诉他，在把衣服放进洗衣机前，一定要把浅色和深色衣服分开，我还花时间教他如何分辨"浅色"和"深色"的衣服，以及条纹和格子衣物应该怎么分开。

在他第一次独立洗衣服的那天，我发现他还是把浅色和深色的衣服混在一起洗了。我惊讶地喊道："哎呀！你还是忘了按颜色分类了。"

他愤怒地回答说："没有！我把它们分类了！然后我才把它们都放进去的。"

很明显，我的儿子完全按照指令做了，他把浅色衣服从深色衣服中挑了出来。然后他又把它们一起塞进了洗衣机。他已经记住了分类指令，却没有理解这么做的原因，所以他没能做对。

这是我的错。我应该解释其中的原理：我们不把浅色衣服和深色衣服一起放入洗衣机，是因为深色衣服浸湿后，颜色可能会从织物中渗出，弄脏浅色衣服。这就是我们需要对衣服进行颜色分类的原因，而且要保证深浅颜色的衣物分别洗涤和烘干。

边玩边学

在休息时间，鼓励学生玩一些有助于提升执行功能的游戏。比如，"西蒙说"（Simon says）、木头人（freeze）、红灯绿灯（red light green light）和抢椅子（musical chairs）等游戏都需要集中注意力、遵循指示、转换、耐心和适应变化。而像电话游戏（telephone）、我要去野餐（I'm going on a picnic），以及二十问（twenty questions）等游戏则要求学生利用工作记忆、接受错误、更新信息、思考新想法，并接受他人的意见与建议。

执行功能和自我调节障碍会影响学生的思想、行动和情绪，而另一个方面的挑战会影响到学生接收、处理和响应感觉输入的能力。

下一章将介绍复杂的感觉系统。

第四章 感觉

人们通过感觉系统了解和接触环境。作为中枢神经系统的组成部分，感觉系统能检测来自外部或内部刺激的信息，并通过神经通路（neural pathways）将这些信息传递给我们的大脑。在那里，神经感受器（neuron receptors）能诱发刺激反应（Heinbockel, 2018）。高达95%的孤独症谱系学生的刺激反应可能过于强烈、过于微妙，它们各不相同也不可预测（Tomchek & Dunn, 2020）。由于其极端的可变性，我们很难理解谱系学生面临的感觉挑战。在某些情况下，感觉会极度增强，而在另一些情况下，则会极度削弱。是增强还是削弱会因学生而异、因五感而异、因情况而异，甚至因时而异。

关于感觉的问题

要想理解感觉的复杂性，首先就要将其置于熟悉的情境中（正如我在教授学生新知识时建议的那样）。我们每个人对感觉输入都有不同的反应。一些人把吃辣的食物当享受，而另一些人则觉得辣的食物难以下咽。一些人无法在有噪声的环境中集中精力工作；而另一些人不能在无声的环境里工作。同样，谱系学生对感觉输入的反应也各不相同，而且他们的反应强度也大不相同。

本节将讨论以下几个问题。
- 谱系学生的感觉系统与典型发育学生的有什么不同？
- 孤独症是如何影响五感的？
- 有的学生常会碰撞东西、踮脚尖走路，这有感觉方面的解释吗？
- 拍打、哼唧、转圈等重复动作与感觉有关吗？
- 怎样才能让学生停止自我刺激？

谱系学生的感觉系统与神经典型发育学生的有什么不同？

虽然每个人对不同的刺激都有不同的感知和敏感度，但谱系学生的情况却更为极端（National Autistic Society, 2020）。谱系学生也会把感觉输入接收进他们的系统中，但他们接收的感觉输入量不是过多就是过少。试想一下，我们每个人都有一个感觉过滤器或感觉调控盘，用于调节我们接收的感觉输入量。理想情况下，它能让我们及时感知到最微弱的烟雾味，从而避开即将到来的灾难。而当我们全力从大楼里疏散时，它使我们能够忍受刺耳的火警警报声。

> 虽然每个人对不同的刺激都有不同的感知和敏感度，但谱系学生的情况却更为极端。

然而通常情况下，谱系学生的感觉调控盘并不能像这样给予他们保护。有的时候，他们的调控盘会紧紧关闭，把重要或有益的感觉输入阻挡在外。在这种情况下，学生可能会渴望感觉刺激。他们会通过磕碰、撞击、拥抱、闻味道、戳、咬、哼唧、咀嚼、旋转等方式寻求感觉输入（Butera et al., 2020）。这类行为被称为感觉寻求行为（sensory seeking behaviors）。

在另一些情况下，谱系学生的感觉调控盘可能门户大敞，感觉输入如决堤的洪水般，会冲垮感官系统。寻常的音量听起来震耳欲聋，普通的气味或味道令人作呕，还有些灯光让人眼花缭乱。感觉系统超负荷的学生通常都会回避感觉刺激。他们抗拒某些声音、光线、气味、布料、味道、拥挤的空间、不平的表面等，或对这些有强烈的反应（Butera et al., 2020）。这类行为被称为感觉回避行为（sensory-avoiding behaviors）。

感觉反应不仅因个体而异，即使是同一个学生也会出现不同程度的反应，有时甚至是完全相反的反应。因此，我们不能简单地说某个学生是感觉寻求者，而另一个学生是感觉回避者。相反，大多数谱系学生都会表现出不同程度的感觉反应（National Autistic Society, 2020）。一个学生可能会渴望触觉输入，但对听觉输入却高度回避。而另一个学生可能会寻求嗅觉输入，却难以承受视觉输入。

此外，即使是相同类型的输入，同一个学生也可能出现截然相反的反应。他们可能动不动就会啃咬衣领，却无法忍受口香糖或干果等有嚼劲的食物。还有的学生可能会不停地哼唧，可他们却无法容忍别人发出噪声。还有更复杂的，你今天在某个学生身上看到的所有感觉特质，可能到明天就都变了，人没换，但反应却完全不同！

因此，对于这个问题，最保守的回答是：谱系学生的感觉系统与神经典型发育学生的不同，有深刻的、持续的变化性。因此，教育工作者需要做好一切准备。我们要谨慎对待感觉敏感的学生，采取不同的策略，创造感觉友好且足够灵活的空间，从而满足学生强烈而不断变化的需求。

孤独症是如何影响五感的？

感觉挑战能以多种方式影响任一种感觉。你可能会惊讶地发现，实际上我们每个人都有五种以上的感觉，而且所有这些感觉都会给谱系学生带来挑战（National Autistic Society, 2020）。现在，让我们逐一认识这五种最基本的感觉。稍后介绍其他三种少有人知的感觉，以及缓解感觉挑战的一些实用策略。

视觉

许多谱系学生可能无法承受明亮的光线，或者容易被背景中的细节和元素严重分散注意力。对他们来说，视觉输入是未经过滤的，所有内容都以同样的强度一起进入，这会影响他们专注于手头任务。当本生灯（Bunsen burner）的火焰太刺眼时，学生可能会被迫放弃实验，也可能因刺激而做出意想不到的、破坏性的和有潜在危险的反应。

说到这里……

眼见为实

高度敏感的视觉能让学生拥有惊人的视觉记忆，或者注意到环境中无人察觉的细节。这样的特质能造就非凡的设计和创新能力。艾萨克·牛顿、阿尔伯特·爱因斯坦、尼古拉·特斯拉和史蒂夫·乔布斯等诸多有创造力的人士都被认为有孤独症（Barbour, 2020; James, 2003; Lavine, 2016; Silberman, 2016）。

此外，高度敏锐的视觉可能会让学生感知到大多数人分辨不出的光线和颜色的细微差异，而这可能会衍生出卓越的艺术能力。米开朗琪罗、安迪·沃霍尔和许多其他著名艺术家被认为有孤独症（Arshad & Fitzgerald, 2004; Fitzgerald, 2006）。

另一方面，谱系学生可能意识不到视觉环境的变化。他们可能注意不到自己在

教学楼的什么地方，也不知道要如何回到教室。他们可能会无视校车号码或其他显著特征而上错校车。像这样的学生，有时却渴望更多的视觉输入。他们可能会靠近物品仔细观察、在眼前晃动手指，或者凝视吊扇或其他运动中的物体。他们可能会一直盯着本生灯的火焰，甚至注意不到烧杯中的冰块变成了水后又蒸发殆尽。

许多艺术家和音乐家也都表示他们有通感（synesthesia）能力，所谓通感是一种混合感觉。我们认为通感是由某些神经元过度连接引起的，普通人群中约4%的人有通感，但18.9%的孤独症谱系人士都有通感（Baron-Cohen et al., 2013）。画家瓦西里·康定斯基（Wassily Kandinsky）、文森特·凡·高（Vincent van Gogh）和大卫·霍克尼（David Hockney）将他们的体会描述为绘画声（Taggart, 2019; Williams, 2014）。音乐家艾灵顿公爵（Duke Ellington）、比利·乔尔（Billy Joel）、法瑞尔（Pharrell）、玛丽·布莱姬（Mary J. Blige）、比莉·艾利什（Billie Eilish）、洛德（Lorde）、和弗兰克·奥申（Frank Ocean）也都表示他们看到了声音的颜色（Bassett, 2015; Elise, 2016; Strick, 2020; Trendell, 2017; Williams, 2014）。有的有通感的人可以看到声音，有的能感觉到想法的形状、数字的质地、气味的声音等。

听觉

也许你在学校里遇到过，有的学生走路时会用手掩住耳朵，或者戴着降噪耳机。这些学生都是听觉敏感者，火警的声音，甚至上下课的铃声都会让他们苦不堪言。而像健身房那样拥挤、封闭的空间，噪声会在地板和墙面上疯狂反弹，而会反弹的又岂止噪声，对这些学生来说完全无法忍受。

然而，在某些情况下，持续不断的微弱嘈杂声却能令人感觉舒缓。事实上，这些学生中有一部分人自己就会发出很多噪声，但突如其来的外部噪声却会让他们想找地方藏起来。乐队演奏可能很不错，但结尾敲击钹镲的声音却震耳欲聋。

相反，一些谱系学生即便拥有良好的听力，却发现不了音景（soundscape）的变化。他们可能察觉不出紧急命令和温柔鼓励之间的区别，这一挑战可能与语用语言困难（pragmatic language difficulties）有关，也可能和感觉问题有关（更多关于语用语言的内容，详见第五章）。还有一些情况纯粹是感觉问题，比如意识不到自己的音量，或者无法分辨不同类型的声音。为了保持听觉系统的刺激，他们可能会通过哼唧、咕哝、敲击或制造其他噪声来产生声音，从而帮助自己保持警惕和专注（Butera et al., 2020）。

> **说到这里……**
>
> **绝对音感**
>
> 许多谱系学生对音乐的感受比对言语的更敏锐。不同于良好的听力,具有高度敏锐听觉的学生,通常能够感知并分辨言语和音乐中他人捕捉不到的声音。这些学生拥有绝对音感的可能性,比神经典型发育同龄人更高。在普通人群中,只有千分之一的人拥有绝对音感。然而,5% 的谱系人士都表现出了绝对音感(Heaton, Williams, Cummins, & Happé, 2008)。阿玛多伊莫扎特和贝多芬等杰出作曲家,以及艾米莉·狄金森和刘易斯·卡罗尔等作家,都有孤独症特征(Barbour, 2020)。

嗅觉

许多孤独症学生忍受不了气味(National Autistic Society, 2020)。浴室里残留的臭味可能会让他们恶心或呕吐。刺鼻的消毒水味与凉拌卷心菜的味道混合在一起,可能会让他们在餐厅门前止步。有时,即使是记号笔或胶棒的气味也足以引起他们强烈的反应。当学生对某些情况表现出强烈的反应时,请对这种你看不见也听不到的感觉输入提高警惕。如果你的学生不愿待在餐厅或美术教室,不妨考虑一下嗅觉问题。

另一方面,嗅觉输入不足的学生可能注意不到烟雾的气味,他们也闻不出自己的体味。得不到足量嗅觉输入的学生可能会渴望气味,并寻找物体、食物或其他人来闻(Porter, 2017)。

味觉

通常,谱系学生有非常特定的味觉偏好,这与口感密切相关(National Autistic Society, 2020)。一些情况下,味觉偏好是由生理性的口腔运动机能挑战造成的,咬合、咀嚼或吞咽存在困难。而另一些情况下,味觉偏好却源自感觉。学生可能无法忍受某些特定口味或口感的食物,比如馅饼、鹰嘴豆泥、芹菜、鱿鱼、牛排等许多食物。

还有些时候,谱系学生会从口味和口感中寻求感觉输入。他们可能酷爱辛辣,也可能会咀嚼、吮吸一些不可食用的物品来寻求感觉刺激。请留意这些学生,确保他们不会将有害物品放进嘴里(如欲改善此类行为问题,详见第四章中的策略)。

触觉

学生急于回避触觉输入，可能是社会情感或其他原因造成的，请务必高度重视。例如，即使有人温柔地接近时，学生仍表现出畏惧或退缩，那可能是他们遭遇过侵犯或虐待，这需要校辅导员、校社工或校心理学家进一步评估（Pollick, 2022）。不过，厌恶肢体接触的谱系学生也会因感觉问题有类似的表现（National Autistic Society, 2020）。当学生无法忍受被触碰的感觉时，他们可能会对与自己有肢体接触的人做出强烈反应，尤其是在这种接触是出乎意料的情况下。他们可能受不了某些面料或有标签、拉链和能接触到皮肤的其他特定材质的衣物。他们可能无法触摸某些材料，如胶棒、混凝纸、手指画颜料、沙子或建模黏土。如果有东西溅到他们身上，哪怕只是溅到他们附近，他们都可能做出强烈反应。

相反，触觉输入接收量不足的学生，可能意识不到自己脸上粘上了食物。为了寻求触觉刺激，他们可能会侵入性触碰其他同学。你有时会发现，那些不愿让你近身的学生，却会入侵他人的空间。像这样的学生可能会整天待在沙坑里或泄水台旁，通过让沙子或水从指缝中穿过来舒缓情绪。

说到这里……

早餐，手忙脚乱

我的儿子小时候总是无法容忍溢洒。我记得有一次，我们全家在一家小餐馆吃早餐，那时他大概十岁。服务员不小心撞了一下我的杯子，杯中的咖啡洒了出来，溅到了我儿子的鸡蛋上。儿子大吼一声，从座位上蹿了出来，带翻了整张桌子。所有的盘子都顺着桌面滑向我和女儿，一盘盘溏心鸡蛋和糖浆松饼落在我们身上。这时，我们的早餐彻底毁了，黏腻的蛋液和果酱糊了我和女儿一身。我俩手忙脚乱地清理自己，而儿子还在为他的食物大喊大叫。儿子的极端反应令事情严重恶化，谁能想到只是洒了一点咖啡就搞成这样，而这样又会加深他的痛苦。真是一出闹剧啊。

出现这样的情况时，我们哪里还能管谁对谁错，都是感觉高敏惹的祸。所以，一定要努力保持冷静和理解，不要让事态进一步升级。尽管我儿子没有受到什么严重的身体伤害，但他无法从感觉负荷和混乱中恢复过来。最后，我们并没有再要一桌早餐，因为他冷静不下来，我们只能饿着肚子离开餐馆，带着一身黏腻的脏污，既疲惫又气馁（这个故事也许能让你一窥孤独症家庭的生活，不过那都是后话了）。

有的学生常会碰撞东西、踮脚尖走路，这有感觉方面的解释吗？

有！也许你没听说过，然而事实是，我们还有另外三种感觉。在前文中，我们讨论了人类的五种基本感觉，它们都与我们的身体和外部环境的相互作用有关。而另外鲜有人知的三种感觉是内感受（interoception）、本体觉（proprioception）和前庭觉（vestibulation），它们是我们对身体内部的感知（STAR Institute, 2021）。如果这三种感觉出现问题，学生就有可能发生危险，因此，请保持警惕，避免学生出现以下方面的失调。

内感受

内感受是我们对身体状况和生理状况的感知（STAR Institute, 2021）。它包括饥饿、口渴、疲劳、恶心和疼痛等。内感受敏锐的学生能强烈地感受到各种不适，每次头一痛或手上起个倒刺，可能都想去看校医。虽然这样的学生看起来可能过分担心自己的健康，但不要忽视他们的痛苦，他们对这些情况的感受相当强烈。允许他们去看校医。有时他们真的需要医疗护理，有时可能用不上，换个地方安静一下或是贴一个创可贴，可能就能帮助他们恢复如初。务必提醒医护人员，他们可能会经常看到这类学生。与此同时，分享你的专业见解，告诉他们这也是学生需要的一种安慰。

然而，那些检测不到身体内感受信号的学生才更令人担忧。他们可能既不觉得饱也不觉得饿，但却吃得狼吞虎咽，或者完全忘记要吃饭。他们可能已经脱水、发烧、恶心或受伤，却还在继续比赛。他们可能会出现如厕事故，因为他们不能及时感知到内急。

假设你的学生扎克就有这方面的风险。请提醒所有监督管理他的人（生活班长、午餐助手、特殊区域教师及其他人员）：扎克无法准确判断自身的健康状况。鼓励他们密切关注扎克，确保他不会出现体虚、受伤、发热等情况。如果他们无法确认，也可以请校医检查一下。在上课过程中，也要多留意他的情况。你也可以在扎克的日程表上，在一些关键时间点加几个"找老师确认"的图标（比如早起到校、大课间、体育课后、放学前），这样他就会主动来找你。你要看一看他有没有出汗、有没有发抖，再问一问他吃了什么、喝了什么，确保他是没有任何健康问题的。

本体觉

本体觉是关节和肌肉产生的感觉。它能帮助我们感知身体的部位，并在空间中定位我们的身体（STAR Institute, 2021）。许多谱系学生将过量的本体感觉输入到他们的系统中，因此，他们会努力避免关节和肌肉进一步的输入。他们可能握不紧铅笔，或是使不上劲，所以写出的字很难看清。为了减少对脚底的感觉输入，他们可能会踮着脚尖走路。由于肌肉没能得到充分活动，这些学生的动作看起来可能很笨拙，而且他们也不愿参加体育活动。当他们真的参与时，往往需要严格的看护。他们可能抓不牢秋千上的绳索，无法安全地在攀爬架上玩耍，也控制不好球拍。

相反，有的学生在从攀爬架上一跃而下时，或是在进门时蹦起来拍门框时，都能享受到本体觉输入。寻求本体觉输入的学生可能更喜欢有嚼劲的和酥脆的食物，这些食物可以锻炼他们的咬肌；他们还会成天找机会甚至创造机会参加体育活动。就像有的学生会碰撞东西，而他们走路时可能会跺脚或用手指摩擦墙面，可能会不经意地用笔尖把纸张划破，可能会咬铅笔、掰指关节，玩游戏时可能还有些粗暴。

前庭觉

我们对平衡和对重力的感知都与前庭觉有关（STAR Institute, 2021）。前庭觉输入过量的学生，在露天看台等高处，或在荡秋千、跳蹦床等动态游戏中，可能很容易头晕、站不稳、分不清方向。

另一方面，渴望前庭觉输入的学生通常都敢于冒险（Hellenbeck, 2017）。许多谱系学生踮脚尖走路，有的是因为本体觉，有的是由前庭觉造成的，他们是在体验平衡的感觉。他们把秋千荡得很高，长时间旋转，喜欢从高处往下跳，有时还会将椅子后翘寻找平衡和重力极限，对这样的学生务必密切关注。

拍打、哼唧、转圈等重复动作与感觉有关吗？

有关！当感觉输入过度或刺激不足时，学生通常会尝试自我调节这些不平衡。这时，学生就会做出上述行为，以及其他一些行为，如摇摆或踱步。这类重复行为被称为自我刺激行为（self-stimulatory behaviors），简称刺激（stims）（Bennie, 2019）。

谱系学生经常将刺激作为调整身体感觉接收量的一种方式（Bennie, 2019）。刺激可以安抚被过度的感觉输入压垮的学生，也能帮助感觉兴奋或刺激过度的学生排出过剩的能量，并为行动迟缓的学生注入活力（DeWeerdt, 2020）。例如，感觉输入超负荷时，前后摇晃、来回踱步或哼哼唧唧等刺激可能会让他们感觉舒缓。而感觉过度刺激的学生，可能会拍手、蹦跳或大喊大叫来释放多余的能量。学生可能会咬铅笔、跺脚、绕头发，或通过其他刺激保持警惕和专注。尽管这些动作和声音给他们的系统增加了更多的感觉，但却能真实地安抚、安慰或激励他们，因为这是他们自己做出的。比起那些攻击他们的不可预测的外部感觉，这些动作和声音有节奏、重复且稳定，他们更加熟悉（DeWeerdt, 2020）。

怎样才能让学生停止自我刺激？

作为一名孤独症教育者，同时也是孤独症家长，我完全理解这个问题背后的感受：让它停下来吧！自我刺激可能会打扰他人，有些行为还很危险，比如撞头和咬人。此外，有时候自我刺激会对他人造成困扰，这不利于学生社交。但"让它停下来"并不是我们想要的。事实上，我们的目标不该是阻止自我刺激。

原因如下：多数情况下，寻求自我刺激能告诉我们学生的感觉或其他需求没有得到满足。我们要耐心倾听。假设，你的学生凯莎正在来回踱步。也许是因为你播放的教学视频音量超出了她的承受范围，或者她对即将开始的外出研学感到焦虑，又或是她对你无法识别的其他触发因素做出了反应。想要保持冷静、继续学习，来回踱步是凯莎唯一能做的事。如果你坚持让她回到座位上，那么凯莎只能通过其他途径来自我安慰。也许她会在座位一边哼唱一边前后摇晃，也有可能她会用双手捂着耳朵尖叫，又或者她会跑出教室，甚至跑出教学楼。

> 多数情况下，寻求自我刺激能告诉我们学生的感觉或其他需求没有得到满足。我们要耐心倾听。

一些情况下，自我刺激是有害的或有危险的。但大多数情况下，自我刺激是有帮助的。任何情况下，学生都不会故意用自我刺激来进行反抗，他们只是学生依靠刺激行为帮助自己进行系统调节。这就是为什么我们不能用行为干预系统来消除刺激行为。自我刺激是一种应对机制。消除应对机制只会起到消除应对行为的作用。这是我们最不想要的。那么，我们该如何干预刺激行为呢？

当刺激行为没有破坏性也没有危险性时，最好的做法就是：什么都不做。如果学生在座位上轻轻地前后摇晃、双手拍打身体两侧，或是在教室后边安静地踱步，那就不用管！尽管这些刺激行为并不是我们想要的，但如果它们

> 当刺激没有破坏性也没有危险性时，最好的做法就是：什么都不做。

不会造成任何伤害,那最好顺其自然。如果刺激行为没有危害性,就让它发挥它的重要作用,不要冒险把事情搞砸。如果其他学生有怨言,请为他们制定行为框架,提醒他们融合班的意义(例如,接纳差异和不同)。如果刺激行为有害或有破坏性,你可以采取一些有效的策略进行应对并安抚学生。具体策略详见下一节。

说到这里……

对负鼠的看法

就在刚才,我正在写这一节的内容时,一只外来的小动物溜达到我家后院,离我只有几英尺远。它有着粗糙的灰色皮毛、圆圆的眼睛和一条光秃秃的长尾巴。

老鼠!我吓得从椅子上蹦了起来,随手抄起一件东西想把它赶走。但当小家伙怯生生地看着我时,我才发现它其实是一只小负鼠。我以前学过,负鼠对人类有益,它们专吃蜱虫。而蜱传疾病在我生活的地区是个大问题。

想到此,我对它的看法彻底变了。我怀着感激和好奇之心,大声问候这位全身脏污的"客人":"你好呀!你从哪儿来的?"

就像教室里的刺激行为,负鼠是位不速之客,很容易把它误认为是问题,但实际上它很有用。如果我把负鼠赶走,我就是在纵容事态恶化。

所以,仔细观察学生在课堂上做出的刺激行为。如果时间允许,多了解些相关知识。如果可能的话,请以开放的心态接纳学生的刺激行为,让它们顺其自然。尽管刺激行为可能在意料之外,但它们对你班级生态系统的稳定至关重要,就像我对负鼠的看法一样。

缓解感觉压力的策略

在每个有谱系学生的班级,最应该关注的就是如何缓解感觉压力。当学生的感觉系统没有被触发时,他们不需要依赖自我刺激来调节他们的系统。但谱系学生的感觉诱因和反应十分广泛,因此没有适合所有人的万能做法。缓解感觉压力首先要保持灵活性和差异化,你可以创建一个感觉友好型教室,帮助学生进行各种感觉修正,并学会理解自我刺激行为的价值。

什么是感觉友好型教室（sensory-friendly classroom）？

感觉友好型教室是一个精心设计的空间，能够提供满足各种感觉需求的多种选择。无论是学前教育教室还是高中教室，感觉友好型教室以消除学生的各类学习障碍为重点，着力促进他们冷静、沉着，增强他们的专注力、参与度、理解力、沟通能力和社交能力。

有一些学生需要最大限度的感觉输入，而另一些学生需要最小限度的感觉输入，所以这样的一间教室并不容易创建。我建议，先提供最低程度的感觉刺激。原因如下：你可以把它想象成在烹饪一道美食。如果你不确定要使用多少香辛料，那么一开始最好少用一点。后面随时都可以再添加，但如果你前期用得太多，想去掉可就难了，到那时，这道菜可就无可挽回了。此外，任何一间有大量学生的教室都一定很"辛辣"。因此，你首先要做的就是让教室环境保持"清淡"：按照感觉超敏学生的需要来布置。

从各个感觉角度考虑教室的布置，并采取适当的策略。以下是一些营造感觉舒缓空间的简单策略。

- 首选自然光，而不是晃眼的吸顶灯，或者将吸顶灯作为部分照明。
- 考虑给荧光灯安装过滤罩，以减少其眩光。
- 谨慎安排敏感学生的座位，如果条件允许，不要让他们正对着明亮的光源或其他易分神的事物，不要让他们挨着有异味的卫生间或微波炉，也不要靠近扬声器和电铃等。
- 尽量减少教室内的装饰，让眼睛能够休息。可以用空白的彩纸贴在公告栏上，看起来既有装饰性，又不会分散注意力。
- 用家具、地毯或标志将教室分区，明确特定区域的边界。
- 学习清单要保持简洁清晰，避免不必要的花哨版式，以免分散学生对内容的注意力。
- 铺上小地毯，可以用来降噪。
- 避免在班级中大声播放音乐；放音乐时，可以让学生使用耳机收听。
- 提供备用座位选择（例如，站立式课桌、健身球和坐垫）。
- 上课日，避免使用有香味的产品，如空气清新剂、洗手液、香水、古龙水或气味浓烈的清洁剂或消毒剂。

记住，你可以逐渐添加一些小装饰，但要注意学生的注意力、表现或行为是否出现倒退，或者学生的自我刺激行为是否有所增加。一旦出现负面影响，请及时撤回感觉刺激。

学生的刺激行为表明其需要更多的或不同的感觉调整时，我该怎么做？

上一个解答解决了教室的基础布置问题，有助于降低大多数学生的感觉压力。但可以肯定的是，一些寻求强烈感觉刺激或表现出危险或破坏性刺激行为的学生需要更多个性化设置。在这种情况下，教育工作者必须读懂学生通过这些感觉行为传达的信息，这些行为起到了什么作用，以及如何最好地提供帮助。

刺激行为具有很多不同的功能，因此很难分辨其特定诱因。举例来说，前后摇摆可以让一个学生平静下来，也能给另一个学生注入活力。或者，前后摇摆可以让一个学生平静下来，却能在第二天给这个学生注入活力！很难确定某个学生是需要更多的刺激还是更少的刺激。

虽然我们不能精准确定刺激行为的诱因或功能，但可以肯定刺激行为是感觉失衡或不适的体现。因此，我们最好能在学生需要时，给他们提供不同的选择。有很多方法都能做到这一点。

- **以一个特定学生的角度，审视你的感觉友好型教室** 例如，杰里米是谱系学生，请你在上课前或放学后在他的座位上坐几分钟。或者，更好的时间是，等杰里米去接受治疗或作业治疗，而班上其他同学都在教室时，你再坐到他的座位上。看一看周围，闻一闻，再摸一摸、听一听。问问你自己，这个学生会接收到哪些感觉输入，而这些感觉输入可能会对他产生哪些负面影响。你可能会闻到转笔刀里散发出的笔屑味。你可能会听到不远处仓鼠笼里微弱却不停歇的抓挠声。你可能会发现杰里米的椅子或课桌腿松动摇晃，或者发现他邻桌的学生是个戳笔狂魔。

  此外，请注意学生的情绪，强烈的兴奋、焦虑、愤怒等感受也会过度刺激感觉系统。所以，还要再看一看杰里米的日程表。上面有没有不寻常的或有潜在压力的活动，这些活动有没有可能加强这些感受并引起刺激行为？（更多关于因果关系层面干预的内容，详见第七章"应对课堂干扰行为的策略"。）

- **提供自适应设备**（adaptive equipment） 为学生提供工具，帮助他们满足感觉需求。以下是一些例子。

- 滤光镜片（irlen lenses）是一种专门的眼镜镜片，可以减轻光线刺激。
- 弹力带（bouncy bands）是一种超大的橡皮筋，它可以绑在桌子腿或椅子腿靠下的位置，让坐不住的学生在获得脚、腿和臀部的本体觉和前庭觉输入的同时，能够保持安静地坐在座位上。
- 耳机或降噪耳机能让学生增加或减少声音输入。
- 感官牙胶（chewelry）是一种专为学生设计的咬胶，以免学生咬铅笔、衣领、指甲或同龄人。（许多公司都生产安全咬胶，但鉴于学生会将此物品放入口中，请从可靠的零售渠道购买，并确保该产品不含双酚A、不含PVC，并经美国食品药品监督管理局批准。）
- 加重背心（weighted vests）有助于学生更清晰地感知身体的部位，并增强他们与地面接触的感觉，帮助他们安坐在座位上，保持身体不动。
- 重体力活儿，如搬抬、运送或分发物品，都能够提供本体觉输入。
- 握笔矫正器（adapted pencil grips）可以帮助有触觉和本体觉挑战以及精细运动挑战的学生有效地握持和按压铅笔。
- 触觉坐垫（bumpy cushions）是一种柔软的橡胶坐垫，学生坐在上面时，它表面的纹理可以提供触觉输入，从而使学生能够长时间地坐在椅子上。
- 减压玩具（fidget toys）泛指可以无声地满足各种触觉、本体觉、前庭觉和其他感觉需求的玩具，如伸缩管、指尖陀螺、挤压球和许多其他物品。

- 如果可以，请与学校的作业治疗师一起讨论你的问题和观察结果：作业治疗师那里有各种各样的干预措施和工具可以用来帮助学生缓解感觉反应。例如，大多数作业治疗师都接受过专门的培训，能够实施威尔巴格深压和本体觉技法（Wilbarger Deep Pressure and Proprioceptive Technique），以前也被称为触觉刷治疗法（therapeutic brushing）。这种治疗法需使用一种非常特殊的刷子，轻刷学生的皮肤，促进外周神经系统和中枢神经系统之间的协作，然后进行关节挤压（Champagne, 2020）。

作业治疗师还能为你推荐一些适用的教室策略，比如座位调整；鼓励学生带松脆或有嚼劲的零食（如椒盐饼干或干果），为口腔和下颌提供本体觉输入；制定感觉饮食食

> 学生使用感觉空间、感觉室和感觉路应该是出于自愿的。

谱，这也是作业治疗师用来解决无数感觉问题的一种方法；给学生安排更多在感觉空间的时间（Bennie, 2021）。（下文中将会介绍感觉空间的全部内容。）此外，作业治疗师还能提供个性化的工具帮助学生应对面临的挑战，就像刚才列出的那样。

还有什么方法能满足学生的感觉需求？

如果你有自己的教室，那么创建感觉角或感觉区域就是很好的选择，它们能为学生提供差异化的感觉选项；如果你没有自己的教室，也可以建议校方创建感觉室。任何需要感觉重启的学生，都可以在需要的时候去这些感觉空间，以便平静下来或重新振作起来。

感觉空间、感觉室和感觉路都是在提供舒适、无压力的环境。不应该强制学生使用。相反，应该配备下述资源，鼓励学生在需要感觉支持时使用它们。

- **感觉角**（sensory corners）通常设置在小学教室或独立教室中，提供了一系列学生可以根据需要使用的感觉工具。举例来说，可以用地毯划出一小片空间，并用书架围出边界。在这片空间中，可以配备各种能提供感觉输入的物品，如摇椅、懒人沙发或护颈枕；降噪耳机；各类挤压、旋转和拉动玩具，以及动力沙、康复训练泥或毛绒玩具。

- **感觉室**（sensory rooms）通常由小办公室或大壁橱改造而来，是一个感觉友好型空间，学校里的所有学生都可以使用。感觉室建在教室外，因此可以配备上一部分中建议的所有工具，以及更大件的物品，如迷你蹦床和健身球，以及熔岩灯、加重毯等。感觉室非常受欢迎，使用上富有成效，可以帮助所有学生重振精神并做好学习准备。

- **感觉路**（sensory paths）和感觉角、感觉室有很多相似之处，它是一种校园内的感觉适应空间。所谓感觉路就是学校的一条走廊，在这条走廊的地面和墙壁上，会张贴一系列丰富多彩、引人入胜的动作提示。当然也可以直接把这些提示绘制在地面或墙面上。感觉路能鼓励学生进行感觉活动，比如，沿着弯曲的路径，从这个点蹦到那个点上，或是四肢着地穿过走廊。

一旦你安抚了学生的感觉系统，帮助他们进行了调节，缓解了焦虑，他们肯定能更冷静、注意力更集中、更专注。但这样他们就能学习了吗？不一定哦。

下一章将讨论沟通与社交挑战。

第五章　沟通与社交

与孤独症谱系学生的互动可能会因多种原因而变得困难重重，其中大部分都与沟通和社交有关。身体、生理、认知和应对方面的挑战会影响学生理解口语或使用口语表达自我的能力。社会和人际交往方面的挑战也会影响学生以社会期望的方式使用语言的能力。在教室这样的集体空间里，以及几乎所有其他地方，沟通就像一张名片。它是我们展示自我的首要方式之一，通过沟通，我们向他人展示我们是谁、我们是什么样的人、我们知道什么、我们如何思考、我们有怎样的感受，以及最重要的——在学校里，我们会是怎样的朋友。

许多学生对谱系学生有很深的误解，学生之外的其他人也是，因为谱系学生的标志特征（也就是他们的沟通技能）异于常人。多数情况下，学生的沟通技能可能与其实际能力不匹配，这导致其他人对学生参与社交的能力做出不准确的结论。

在本章中，我们先来介绍沟通的基本原理（言语和语言）。然后，我们会探讨沟通困难影响社会化的多种方式，以及要帮助学生成功展示作为同学和朋友的内在价值，你可以做些什么。

关于沟通的问题

沟通是信息和思想的交换，主要通过口头（或书面）言语和语言进行，但也可以通过其他方式，如手势、语调（inflections）、信号，以及扩大和替代沟通设备。

本节将讨论以下几个问题。

- 言语和语言有什么区别？
- 谱系学生为什么只会重复老师说的话或背诵电影台词？
- 谱系学生为什么看不出别人在开玩笑或是在说反话？

- 当我指向某物时，谱系学生为什么无视我的手势？

言语和语言有什么区别？

言语（speech）是人们运用文字和发音的过程。言语挑战在所有儿童中都很常见，它同样会影响谱系学生。

- 言语失用症（dyspraxia of speech）与运动规划（motor planning）相关。学生在大脑中可能已经有了词汇和想法，却很难驾驭从脑到嘴说出它们的认知运动过程（Lee, 2021）。
- 另一种常见的言语挑战名为构音障碍（dysarthria），它属于神经肌肉问题，会阻碍学生控制嘴巴发声（Lee, 2021）。
- 还有一些学生有口吃、结巴或发音错误等功能性言语挑战。

语言（language）是我们用文字交流的方式。许多普通儿童中常见的语言挑战也会影响谱系学生。

- 有接受性语言（receptive language）障碍的学生很难理解别人对他们说的话（Mody & Belliveau, 2013）。这可能会导致他们难以遵循口头指示、理解信息和准确回应。
- 当学生有表达性语言（expressive language）障碍时，他们很难找到正确的词语来表达想法（Mody & Belliveau, 2013）。他们可能还存在词语排序方面的困难，难以用连贯的语句表达所思所想。

言语是一个功能领域，谱系学生在该领域会表现出极大的差异。部分谱系学生能够吐字清晰、口语流利，而多达 30% 的谱系学生语言或非语言水平低下（Rose, Trembath, Keen, & Paynter, 2016）。要知道，鉴于这样极端的差异性，即便是言语表达能力很强的学生，也可能在语言技能方面（如推断或参与交互对话）有严重的挑战，同时伴有感觉、参与、认知、学业、社会化和行为方面的困难。反之，言语水平低下的学生，也可能在认知、学业、社会化、音乐、艺术、体育等方面有很好的表现或具备很强的能力。许多谱系学生在沟通时都会表现出孤独症特有的特质，如剧本仿说和社交或语用语言挑战（Rudy, 2020），我会在下列问答中做详细说明。

谱系学生为什么只会重复老师说的话或背诵电影台词？

重复老师说的话或背诵电影台词都是模仿言语（echolalia，也称仿说），这在幼儿时期十分常见。幼儿会通过模仿声音、字词和短句来学习，从而使自己的表达更加流畅、更加自然。从这一点来看，在二至三岁前，仿说是早期语言学习和发展的必经之路（Stubblefield, 2021）。然而，仿说常与孤独症相关，这是因为孤独症儿童在语言发展后期仍存在仿说行为（Stubblefield, 2021）。仿说可以是即时的，也可以是延迟的。

- **即时仿说**（immediate echolalia）是最常见的形式，也就是立刻重复刚刚听到的话。例如，你对全班同学说："请上交你们的家庭作业。"而你的谱系学生会说："你们的家庭作业。"
- **延迟仿说**（delayed echolalia）是指在其他时间或其他场景重复以前听到的话。对孤独症谱系学生来说，延迟仿说（scripting，也称剧本仿说）通常表现为背诵电影、电视节目台词或其他人的话。

对谱系学生而言，仿说可以发挥很多不同功能，包括自我调节、自我提示、记忆、互动和沟通等（Jones, 2022）。

- **自我调节**（self-regulation）：有的时候，仿说能在高压时刻起到自我刺激或安抚的作用（更多关于自我刺激的信息，详见第四章）。在这类情况下，仿说可能并没有一定的功能；然而，在其他情况下，仿说对谱系学生却有重要价值。例如，当你听到学生说"彼得·帕克（即蜘蛛侠）、彼得·帕克、彼得·帕克"时，你可能会认为他是在无意义地喃喃自语，而事实上，"彼得·帕克"这个名字能给予学生情感安慰，而通过联想形成的头韵（两个或多个单词以相同的辅音开头）会让学生有种熟悉感，令其心安。有些学生通过重复词语帮助自己适应即将开展的活动："马上会进行消防演习。进行消防演习。进行消防演习。进行消防演习。"还有些学生会利用重复某些词语让自己在面对逆境时保持坚强和冷静："蛇。为什么偏偏是蛇？"（Spielberg, 1981）。
- **自我提示**（self-prompts）：学生可能会重复他们常在家里听到的行为提示。例如，某个学生只要焦虑就会大喊："禁止随地吐痰！禁止随地吐痰！"无论是日程改变，还是临时的课堂测验，只要出现焦虑情绪她就会不停大喊。
- **记忆**（memorization）：仿说可以通过重复言语的形式，帮助学生记住该做什么或确认他们正在做正确的事。例如，当你告诉全班同学要把手机收起来时，谱系学生就会小声念叨："收起手机，收起手机。"
- **互动**（interaction）：多数时候，仿说具备一定的社交功能。语言水平低下的学生在说话时，可能会通过仿说参与互动。可是他们在借用他人常说的词语时，往往不会考虑使用这些词语的语境。例如，某个学生可能会走近一群同龄人，突兀地说："这就是美国偶像！"（Burke & Heyes, 2021）而他的目的只是加入同龄人的谈话。

- **沟通**（communication）：当学生的仿说能够很好地呼应对话时，仿说也能起到沟通作用。例如，你问全班同学："谁需要铅笔？"而学生回答："铅笔。"你会发现，有时他还会搞反代词。例如，你询问学生："你需要铅笔吗？"他回答："你需要铅笔。"其实在这两个例子中，这位学生极有可能都是在表达他需要铅笔。

  有的时候，谱系学生的口气听起来十分成熟，那是因为他们正在完美复刻电影、电视或成年人日常对话中使用的语句。也许学生年纪不大，却常把"对此我有种不祥的预感"挂在嘴边（Lucas, 1977）。那是因为她正在背诵电影中的一句对白。这有可能是她最喜欢的电影，一想到它就能令她感到安慰。也有可能她觉得，即使前路充满荆棘，卢克·天行者（Luke Skywalker，电影《星球大战》中的男主角）始终所向披靡，这让她记忆深刻。对你来说，这样的仿说是十分有价值的信号，它表明她正在经历焦虑情绪。当她成功完成任务后，她可能还会重复说："对此我有种不祥的预感！"

谱系学生为什么看不出别人在开玩笑或是在说反话？

反话（sarcasm）是指我们所说的话与我们想表达的意思相反，同时通过语气、语调和肢体语言传达我们的真实意图。从这一点来说，反话是副语言交流（paralinguistic communication）的实例，而所谓副语言交流指的是我们说话的方式。副语言交流的组成部分包括音调、音量、音速、语顿，以及语韵（prosody），语韵是指语言的旋律品质，如音调变化、语调和音重（Denworth, 2018; Nordquist, 2019）。副语言元素是传达情感和意图的关键，能够很好地表达幸福、善意、悲伤、沮丧、愤怒、玩笑、礼貌、谨慎、愤怒、威胁、侮辱及其他情绪（Cherry, 2021）。

然而，谱系学生在副语言沟通上，无论是接受性语言还是表达性语言，都存在识别和使用方面的困难。部分谱系学生在与同龄人交流时，察觉不出副语言信号的意义，同样也不知道副语言信号在表达方面的重要性。出于这一原因，一些谱系学生说话时语调平稳，不会抑扬顿挫，也不带感情色彩，自成一种独特的韵律

（Denworth, 2018）。

许多谱系学生存在接受性语言方面的困难，即便是大众习语，只要与字面意思不符，他们就很难理解（Wiklund, 2016）。这就是为什么谱系学生往往分不清真心赞美和嘲讽，分不清严厉的批评和玩笑，也分不清建议和命令之间的区别（Wiklund, 2016）。例如，"好球"一词可以说是非常直白的赞美，谱系学生可能已经死记硬背地学会了，并能用"谢谢"来回应这一赞美。然而，当他人一边翻白眼一边说"好球"时，它的含义就截然相反了——这就是反话。很少有专门教授副语言知识的课程，但掌握它却十分重要。尤其是当学生进入小学和中学时，同龄人之间的语言会含沙射影，时而夹杂讽刺、不耐烦、轻蔑、愤怒等情绪（Robson, 2022）。在中学阶段，骤然的真诚致谢可能会引来嘲笑与奚落，副语言交流成了社交试金石。在这类情况下，反话和口头语言（colloquial language）都需要学生更细致地解读。

> 在中学阶段，骤然的真诚致谢可能会引来嘲笑与奚落，副语言交流成了社交试金石。

反话

出于多种原因，教育工作者最好不要对学生说反话，不论对哪种学生都不要。首先，了解并参与开玩笑是一个高负荷的社交状态指标。懂得反话的学生会注意到哪些同龄人没听懂你的反话，他们可能会用这种方式对付那些同龄人。不要助长这样的气焰。相反，做个直率的人，让学生相信你说的话，相信你就是这个意思。

其次，理解反话也是一种技能，它会随着学生的成长不断发展（Robson, 2022），所以你永远也不知道谁会误解你，会以怎样的方式误解你的话。也就是说，你可能会在无意间对本就脆弱的学生说出一些非常伤人的话，而这个学生所理解的与你想表达的并不相同。也就是说，他可能会按字面意思理解你说的反话，并不顾场合地重复说给其他人。这样一来，你曾经说过的反话可能也会给你带来不好的影响。

口头语言

你可能会惊讶地发现，自己竟然在不知不觉中用了那么多口头语言。来，想一想下面这些问题。

- 你的指令中是否包含习语（idioms）？比如，"好啦，所有人，我们到此为止①"，

---

① 译注：原文是一句习语：OK everyone, let's wrap it up。字面意思为：好啦，所有人，我们一起把它包起来。

又或是"你能从中得出什么结论？[①]"大多数谱系学生的思维都非常具象化，他们会从这类表达中理解出与你想要传达的信息截然不同的含义。你可能会看到有学生在找包书皮的纸；或者发现有学生在找能得出结论的蜡笔；或者学生看起来很困惑，重新思考你的指令，然后用更直接的方式去执行。

- 你的期望中是否包含隐喻（metaphors）？比如，"顺着这个想法想下去，直到你灵光乍现[②]"又或是"别忘了给你的段落加上开头结尾？[③]"由于谱系学生很难做出推论，他们可能无法从不熟悉的隐喻表述中得出相关的或准确的含义。
- 你的指令中是否包含主观术语（subjective terms）？比如，"请尊重正在学习的同学"或者"请使用恰当的方法"。这里的"尊重"和"恰当的"就非常主观，而你在指令中并没有给出相应定义，谱系学生可能无法理解其含义。

尽管谱系学生可能无法从这样的口头语言中推断出含义，但这并不等于你永远都不能说这样的话！你要做的只是斟酌你的用语，再花点时间将这些抽象的术语解释清楚。一旦谱系学生理解了其中的含义，他们可能会发现这些习语很有趣，因为他们按照字面意思理解时想象出的画面真的很好笑。比如，"我挺你（I've got your back）"和"我洗耳恭听（I'm all ears）"这样的习语，可能会成为学生的口头禅。

当我指向某物时，谱系学生为什么无视我的手势？

手势属于语言的另一个组成部分：非言语沟通。非言语沟通包括面部表情、动作姿势、身体姿态，以及手势。副语言沟通是指我们使用和表达文字的方式，而非言语沟通则是指我们通过身体传递的信息。这就是为什么非言语沟通常被称为肢体语言（Rouse, 2021）。非言语和副语言沟通都是对文字的补充，它们都在隐性社交课程之列（Myles, Trautman, & Schelvan, 2013）。正如第七章中所述，这种不在课程规划中的内容却包含了课堂教学不曾教授的重要信息。然而，人们却寄希望于学生凭直觉获取这部分信息。特别是上中学以后，偷偷踢几下别人的桌椅、翻白眼、假笑等做法都隐藏着重要的暗示（Myles et al., 2013）。事实上，一项常被引用的研究表

---

① 译注：原文是一句习语：What conclusions can you draw from this statement? 字面意思为：你能从中画出什么结论？
② 译注：原文是一句习语：Keep thinking about this idea until you have that light bulb moment。字面意思为：顺着这个想法想下去，直到你让灯泡亮起来。
③ 译注：原文是一句习语：Don't forget to put the bun on your paragraph sandwich。字面意思为：别忘了给你的段落加上三明治皮。

明，在交流关于感受和态度的信息时，多达 93% 的信息内容是通过非言语或副语言传递的（Brockmeier, 2013）。

这种沟通方式对谱系学生来说尤其难以理解，因为它是由代码构成的。当你竖起食指放在嘴唇上时，这个手势就是噤声的代码。当你扁嘴叉腰时，这个姿势就是我在等你改错的代码。如果学生还没有学会解码这些动作，他们就无法准确地推断出其含义。所以，他们并没有无视你。也许，他们看到了你的手势，却不清楚手势代表什么。也有可能是，他们看到了你的手势，却压根没有停下来思考这个手势有没有什么意义。

在理解手势含义时，具象化思维（concrete thinking）是另一大挑战（Stanborough, 2019）。破译手势需要从肢体语言线索中推断出抽象的含义。我服务过的许多孤独症谱系学生都犯过同样的错误，当我指着某个东西说"看！"时，他们会看向我的手指，而不是我手指的东西。这清楚地说明：他们并没有意识到我用手指这个动作是能指（signifiers）[①]，是引导他们去看其他东西的符号；相反地，他们具象化的思维方式让他们看向我的手指，并把目光停留在那里。

由于谱系学生可能认识不到肢体语言的价值，因此他们在沟通交流时也不大可能使用手势和其他副语言的能指（U.S. Department of Health and Human Services, 2020）。

关于社交的问题

许多谱系学生在沟通方面面临巨大挑战，这阻碍了他们以预期方式进行社交。与此同时，社交问题也是孤独症一大标志性挑战。在本节中，我们将探讨谱系学生在社交方面遇到的独特挑战，以及你可以在课堂上使用的建立联系的策略。

本节将介绍以下几个问题。
- 为什么部分谱系学生很少进行眼神交流？
- 为什么谱系学生会做一些看似不尊重同龄人的事？
- 当别人难过时，为什么谱系学生无动于衷？

为什么部分谱系学生很少进行眼神交流？

在某些文化（尤其是西方文化）中，眼神交流是典型发育人群的一种社交礼仪，

[①] 编注：能指是符号的物质形成，由声音和形象的两部分组成。

没有眼神交流的学生可能是在走神、不够投入或不尊重他人。然而，对于一部分谱系学生来说，进行眼神交流是一项挑战，因此教育工作者必须认识到，即使学生不能进行眼神交流，他们也可以做到投入、专注和尊重他人。事实上，许多学生在没有眼神交流的情况下，学习效果更好（Trevisan, Roberts, Lin, & Birmingham, 2017）。

眼神交流可能受限于以下几个原因（Trevisan et al., 2017）。

- **感觉**：对于一些学生来说，直接的眼神交流可能会过度刺激，感觉过于强烈。
- **运动**：一些学生的眼球运动能力的困难会影响他们控制眼球，使他们很难将视线对准特定目标或将视线固定在适当的位置。
- **社交沟通**：直接的眼神交流是一种亲密的社交沟通形式，这可能会让许多内向或社交退缩的谱系学生感到不安。此外，谱系学生往往意识不到或无法理解非语言沟通，他们不会从他人眼中寻找信息，也不会用自己的眼睛来传达非语言信息。

为什么谱系学生会做一些看似不尊重同龄人的事？

谱系学生有时不尊重他人的主要原因与他们难以解读非言语和副语言沟通的原因相同。心盲理论（mindblindness），有时也被称为心智理论（thedry of mind）是指无法从他人的角度出发（Askham, 2022）。由于心盲，许多谱系学生很难察觉到他人的感受。一些人意识不到他人的感受或看法可能与自己的不同。还有些人可能体会不了他人的经历。心盲使谱系学生难以预料自己的言行会对他人产生怎样的影响。

出于这一原因，谱系学生通常说话和行动都很直率，不会停下来思考别人将如何接受他们的言行。再加上执行功能困难、对规则理解或概括不准确，以及表达同理心方面的挑战，心盲可能会导致谱系学生无意中违反某些社会规范，如尊重个人空间、安静地倾听而不打断、在动他人物品前询问、在评论时避免冒犯等。下一节将解释同理心的组成部分，并提供促进视角转换和同理心展示的干预策略。

> **说到这里……**
>
> **那件事**
>
> 心盲的另一面是，谱系学生经常认为别人知道他们的想法和感受。我的儿子也有孤独症，他今年 24 岁。我们之间经常进行这样的对话。

> 我儿子走进我的工作间:"嗯?"
>
> 我:"早上好!嗯什么?"
>
> 他:"你知道的。"
>
> 我:"亲爱的,你什么都没说啊。你想要我做什么?"
>
> 他气呼呼地说:"你知道的!就是我们昨天说的那件事!"
>
> 我:"哪件事?"
>
> 他:"你知道的,那件事!"
>
> 我:"哪件事?我们昨天说了一百件事,之后我又做了一千件别的事。你能说清楚你说的是哪件事吗?"
>
> 他恼怒地说:"你是认真的吗?好吧。我的包裹发货了吗?"
>
> 我:"哦。是的,已经发货了。"
>
> 他:"好的。谢谢。不过我不明白,为什么我第一次问你时,你就是不肯回答我。"

当别人难过时,为什么谱系学生却无动于衷?

在我初识孤独症时,人们普遍认为谱系学生缺乏同理心。随着研究的深入与理解的加强,这种说法不攻而破,不过我们也能理解为什么会有这样的说法。心盲使谱系学生的许多行为看起来确实是以自我为导向的,他们对他人的需求或感受视而不见。然而,事实是,谱系学生绝对具有同理心(Brewer & Murphy, 2016)。对他们来说,困难在于怎么识别或解码需要共情的情况,并正确地展现同理心。为了更好地理解这一点,我们不妨来看看同理心的组成部分:认知同理心、情感同理心和表达同理心。

> 事实是,谱系学生绝对具有同理心。对他们来说,困难在于怎么识别或解码需要共情的情况,并正确地展现同理心。

认知同理心

神经典型发育儿童在发育过程中,会自发地参与社交互动(Schwartz, Beamish, & McKay, 2021)。甚至在还不会说话时他们就知道,他们一哭闹就会有人来,他们微笑我们也会微笑。随着他们的成长,他们会发现情感表达的意义,也把这一认识应用到自己的互动中。他们明白了,当他人哭泣或咳嗽不止时,并不是讨论牛仔帽设计演变的好时候。他们明白了，在沟通交流时对方眉头紧皱、双手叉腰，那说明对方对谈话内容有了不耐烦的情绪。典型发育学生不断观察朋友、同龄人、教职工和其他人的沟通交流，通过解读他人的行为与反应，相应地调整自己的言谈举止。这种识别处境的能力被称为认知同理心（cognitive empathy）（Bariso, 2018）。例如，多诺万发现小李四肢摊开仰躺在人行道上。如果谱系学生多诺万能够分析出小李不正常的姿势和她还在流血的双膝代表的意义，那么他就能得出小李摔倒了的结论。而这一认识就是认知同理心。

谱系学生往往不能独自发展出这种渗透性的社会理解（Schwartz et al., 2021）。对他们来说，读取他人的示意和感受并不是一个简单的过程，原因不止一个。但仅心盲这一点就能使认知同理心不足。此外，如前文所述，认知同理心可能还需要破译肢体语言和语气的代码。例如，四肢摊开仰躺在人行道上的小李在低声呜咽，有人上前询问她是否需要帮助，她抽噎地说："不用，我没事。"多诺万可能无法理解她的言语和表现之间的矛盾。

情感同理心

同理心的第二个组成部分是情感同理心（affective empathy），也就是感受他人情绪的能力（Bariso, 2018）。辨别他人的感受是一回事；而从情感层面理解他人的感受又是另一回事。一旦典型发育的人认识到他人正在经历什么（认知同理心），他们往往会感同身受，想起他们自身的类似经历或曾有过的相似情绪（Bariso, 2018）。当我问谱系学生："如果发生在你身上，你会有什么感觉？"我总会惊讶地发现同样的提示却能一次又一次地产生新的顿悟。还是那个例子，如果多诺万能够将小李流血的双膝与他不久前摔破的手肘联系起来，那么他就能意识到小李很可能和他当时一样疼，哪怕她说的话令人费解。而这就是情感同理心。

充分的情感同理心既包括对他人的感受，也包括分辨、识别和处理个人自身的感觉，而这可能会受内感受挑战的影响，这一点已经在第四章中解释过了（Wilkinson, 2022）。然而，即使学生已经认识到同理心的必要性，并与之产生了切身的联系，可挑战仍然存在——该怎么去做。

表达同理心

表达同理心（expressive empathy）又称富有同情心的同理心（compassionate empathy），是指我们决定如何帮助他人，总的来说就是我们能为他人做些什么

（Bariso, 2018）。还是那个例子，既然多诺万意识到了小李是因为摔伤而哭的，他也将小李的摔伤与自己最近的摔伤联系了起来，因此他认识到小李肯定感觉不舒服，那么，是时候让多诺万想办法帮助她了。这就是表达同理心。而这对谱系学生而言，可能是三种同理心中最不具挑战性的一个（Bariso, 2018）。更大的挑战来自表达同理心之前的阶段。

> **说到这里……**
>
> **实话实说**
>
> 大多数孤独症谱系学生很难从他人的角度看待问题，因此他们不会去思考也不会担心你或同龄人的想法（Askham, 2022）。也就是说，他们会实话实说，不会在意自己的话会对别人产生怎样的感受，也不在意自己的话会不会影射他人。虽然这和执行规则差不多，都是社交层面不讨喜的品格，但你要知道，在大多数情况下，你可以信赖谱系学生告诉你的事情。因为在他们的认知里，没有撒谎的理由。

支持沟通和社交的策略

尽管许多人都认为社交技能、眼神交流和同理心出于本能，但实际上这些能力是可以得到强化和传授的。作为社会情感学习课程的一部分，请及时为谱系学生提供个别化支持（更多社会情感学习课程个别化内容，详见第七章）。你也可以尝试下列策略，帮助学生应对适应性沟通、眼神交流、同理心、同伴关系和其他社交挑战情况。

我该如何帮助无口语或口语水平低的学生更有效地沟通？

值得庆幸的是，现在有很多方法都能支持需要帮助的学生进行沟通。如今的教室，笔记本电脑、平板电脑和纸笔一样常见，替代沟通的手段有很多。

你对神经典型发育学生能用到的教学技术，也是支持谱系学生沟通时必不可少的。数字化学习设备能够提升学生参与度（Roberts-Yates & Silvera-Tawil, 2019），比真人教学互动的可预测性更强。谱系学生在键盘上输入某个指令时，他们清楚地知道自己该期待什么。大多数谱系学生都能受益于日常的数码工具，如平板电脑、笔记本电脑、文件共享程序、交互式白板、数码相机、文档相机、远程响应系统、多媒体演示程序、交互式书籍和杂志、交互式数学程序、创客空间，当然还有互联网提供的海量内容和教育资源。

与教学技术不同，辅助技术与扩大和替代沟通设备是专为残障人士设计的。下面，让我们来看一看它们都是什么，以及它们是如何提供帮助的。

辅助技术

教学技术用于普通教育课程，对全体学生都有益；而辅助技术（assistive technology）是特定的设备，用来支持无法通过传统方式学习的学生。我们不能要求失聪的学生更加努力地倾听，同理，有特定学习障碍的学生也不可能只靠努力就能规避他们的挑战。要想他们顺利学习，需要对学习环境做出调整。辅助技术包括图形组织者（graphic organizers）、握笔器、轮椅和调频听力系统，以及自适应拼写和单词预测软件（adaptive spelling and word-prediction software）。当特殊教育团队确定学生需要辅助技术时，会要求学校按照学生的 IEP 或 504 计划提供具体支持（IDEA, 2004）。

扩大和替代沟通系统

专门支持无口语或口语能力低的人交流的辅助技术被称为扩大和替代沟通（augmentative and alternative communication，简称 AAC），既包括高科技支持，也包括低技术支持。

图片交换沟通系统（picture exchange communication system，简称 PECS）以应用行为分析为理论基础，是一种技术要求低却十分高效的辅助技术。PECS 是指使用卡片或印刷图标来沟通需求、想法、感受、指令及其他信息的特定方法。PECS 的使用涉及版权协议，需要对从业者进行专门的培训（Stewart, 2013）。也许你见到过，受过训练的特教工作者或言语和语言病理学家随身带着一本装满 PECS 索引符号的书，时刻准备促进沟通。

如果无口语或口语能力低下的学生喜欢使用卡片促进沟通的方式，那么任何人都可以使用改良版的 PECS。而你用来创建可视化日程表的卡片（如第二章所述）也可以用来支持沟通，着重使用那些能表达需求、想法、思想、感受、物品和活动的卡片。在图 5.1 中，有表达性语言困难的学生使用图标来表达感受。你可以在向学生传递你的感受或期望时，使用图片交换图标来说明你说的话，帮助学生更好地

图 5.1　图片交换书

理解接受性语言。学生和教师之间使用这些卡片有助于双向沟通和理解。

对于 PECS 的争议与围绕 ABA 的争议如出一辙。一些神经多样性社区的成员认为，PECS 强制学生以规范的方式进行交流，就是在否定神经多样性（Roberts, 2020）。有些人认为，老师、学生和其他人应该更加努力地理解孤独症人士，他们可以用任何形式进行交流（Lees, n.d.）。然而，也有些人认为，使用 PECS 和改良版的图片交换系统并不是强制性的，它们都是在帮助他人知晓并理解学生的需求，并支持学生参与社会互动。

以下是其他一些扩大和替代沟通设备。

- 对于有言语挑战的学生来说，文本转语音（text-to-speech，TTS）技术，又称语音输出设备（speech-generating devices，SGDs），可以将文字转换为语音。
- 对于有精细运动或感觉运动挑战的学生来说，语音转文本（speech-to-text，STT）技术能将他们的想法或口语表达转换为文本输出。
- 对于有词汇提取困难的学生来说，单词预测软件（word-prediction software）能通过扫描他们写作的上下文，来预测他们想表达的意思，并给出用词建议。
- 对于需要保留材料、复习和梳理内容的学生来说，智能笔（smart pens）可以录音，并将语音转文本，使记录内容可浏览、可共享、可搜索、可定制，从而帮助学生学习。

我该如何让谱系学生与我进行眼神交流？

嗯，简短的回答就是：你没办法。或者更确切的回答是：你不应该。强迫学生进行眼神交流，会令其焦虑程度升级，反而更难有眼神交流，这就和口吃一样。此外，被迫的眼神交流往往以牺牲其他更重要的功能为代价，如倾听、加工、回应和保持冷静（Ne'eman, 2021）。孤独症自我倡导网络总裁阿里·尼尔曼（Ari Ne'eman）这样解释：

> 被迫的眼神交流往往以牺牲其他更重要的功能为代价，如倾听、加工、回应和保持冷静。

眼神交流对我们来说是会引发焦虑的体验，所以直视别人的眼睛……需要付出精力。在我们孤独症青年中流传着一句话："我要么看起来很专注，要么实际上很专注。"遗憾的是，很多人告诉我们，看起来很专注比实际上很专注更重要。（引自 Perry, 2017）

神经多样性运动正在挑战传统的社会期望，并敦促人们重视不同和意料之外的社会行为。事实上，即使眼神交流"成功地"成为谱系学生的行为习惯，也不过是用来顺从，根本不能用作有意义的非语言沟通。一些学生经过教导最终看似能够看向他人，但他们只是学会了表现得好像在进行有意义的眼神交流而已。

因此，我们不应该要求学生有眼神交流，更不应该因缺乏眼神交流而处罚或斥责学生。我们要学会在一定程度上接受谱系学生参与、关注和尊重的替代性表现，而不是强迫他们遵守典型发育人士习惯的社会结构，这可能会以牺牲更关键的技能为代价。以下是一些温和鼓励眼神交流和接受替代方案的策略。

- **动力最大化**：当学生向你索要物品或提要求时，要求他们有眼神交流。在这样的时刻，他们更加投入，也更有动力，因此可能会有更好的眼神交流。但一定不要以眼神交流作为满足他们要求的必要条件。
- **提个小要求**：一些谱系学生能学会面向着说话人的脸。那么即便只是瞥一眼，也是看向说话人的，因为方向没有错。
- **鼓励看着学**：使用非语言提示替代口头提示，是鼓励眼神交流的一种间接策略。如果谱系学生问你这节课还剩多少分钟，你可以试试不说话，而是举起四根手指。如果她问你 SUV 的发动机有几个气缸，你可以试试微笑地看着她，耸耸肩。如果你发现她没看你的非语言信号，请先用言语引起她的注意：

"看着我，莫妮卡。你会看到我的回答。"要记住，随时检验学生是否理解。要让学生理解，耸肩这个动作意味着你不知道答案。随着时间的推移，这一策略可以帮助学生养成看着学的习惯，从而提高学习成绩和社会理解能力。

- **确立就绪姿势**：学生可以通过摆出准备学习的姿势（不包括直视你）来表明他们已经投入到你的课程中了。请确保他们理解就绪姿势的含义，和他们解释，就绪姿势意味着大脑已经启动，并专注于你要教的内容。告诉学生要如何服从诸如"让我看看你们的就绪姿势"这样的指令，这可能需要手拿起笔、双脚着地、嘴巴闭紧。可以在学生的课桌上粘贴就绪姿势或准备学习的提示或图标（如图 5.2）来提示学生遵守规定。

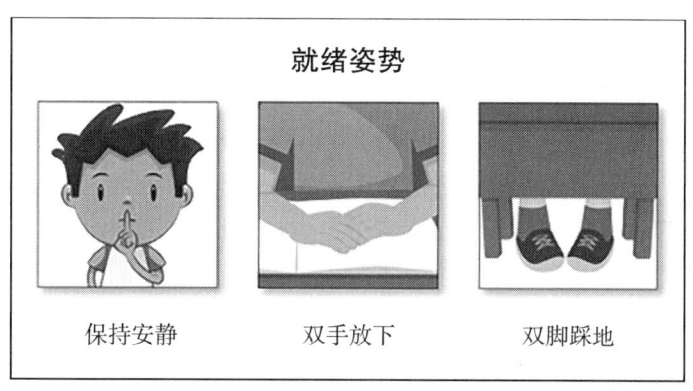

访问网址 go.SolutionTree.com/specialneeds 可免费下载此图。

图 5.2　就绪姿势提示示例

什么是社交故事，我该如何与学生一起使用社交故事？

"社交故事"是一种简短的叙事，由教育家卡罗尔·格雷（Carol Gray, 2015）开创并发展，能够帮助学生应对具有挑战性的情况，引导他们做出期待的行为，如安静地倾听、排队等候、保持冷静、轮流，等等。

格雷（2015）提出创作"社交故事"的十个具体标准（已取得专利），首先是从学生的角度确认挑战，然后扩展到其他人的角度，再指导应对技能和反应，最后以积极的结果结束。（可以浏览网址 https://bit.ly/3u1YIcV 了解格雷的标准和实施策略。[①]）"社交故事"传达了感同身受的支持和鼓励，并赋予学生成功所需的技能和信心。

---

① 编注：也可阅读卡罗尔·格雷的著作《社交故事新编》（十五周年增订纪念版），该书由华夏出版社有限公司引进，出版于 2019 年。

格雷（2018）和他人针对常见挑战共同创建了数百个"社交故事"可供使用。不过针对特定学生的理解水平、元认知意识、应对技能和反应而创作的个别化"社交故事"效果最佳。"社交故事"可以由老师为有需要的学生撰写，但最好是和学生一起撰写。言语和语言治疗师以及学校辅导员可能有与学生一起撰写"社交故事"的经验。图 5.3 是一则社交故事的示例。

当轮到我倾听时

人们之间会进行交谈。他们进行对话。随着成长，人们逐渐就懂得了倾听别人说话的重要性。倾听使得对话对每个人都变得好玩且有趣。倾听也能帮助人们交朋友。我正在学习轮到我倾听时，我该怎么做。

为了使对话顺利进行，大家轮流说话、轮流倾听。当一个人说的时候，另一个人听。如果两个人同时说话，这样的情况有时会发生，那么他们就听不清对方在说什么了。轮流说话就不会发生这样的情况。

倾听就是听对方说的话，并且思考这些话的意思是什么。有时候，人们的意思就是说的那样，而有时候，他们想要表达的却不是他们嘴里说出来的那样。这就让倾听变得有难度。事实上，对许多人来说，自己说话比听别人说话更容易。因此，很多人都得努力才能做个更好的听众。

当轮到我倾听别人说话时，我会努力去听人们所说的话。我会努力去想这些话是什么意思。我的爸爸妈妈和老师都会随时帮助我学习如何倾听别人说话。

来源：《社交故事新编》（十五周年增订纪念版，第 131 页），卡罗尔·格雷著，华夏出版社。

图 5.3　社交故事示例。

我该如何帮助谱系学生敞开心扉接受不同的观点和看法？

谱系学生的想法和观点往往会烙印于心，他们会固守这些思想和观点，就像他们恪守自己的常规一样。这些都是严重的思维定式，因此在你教授他们做任何事时，尽量把你的成长思维方式发挥到极致（Dweck, 2015）。若想观点更有见地，就需要收集和反思事实和数据、评估偏见、做出推断、考虑其他解释、更新信息，并得出结论（Wojcicki, 2021）。对于那些易冲动、思维刻板的谱系学生来说，这可能是一个充满挑战的过程，原因不止一个。首先，反思、考虑、更新等每一步都对应一种复杂的执行功能，都需要专门教授和实践。此外，谱系学生通常会抵触不明确的观点，他们喜欢是非分明的观点，明确的观点更能令他们心安。

我们需要帮助谱系学生理解观点是动态的，当我们倾听他人意见时，观点可能会改变，也确实会改变；当我们与他人交换想法、考虑附加条件或最新信息时，观点也会不断变化。除了提出和改变观点所需的各种执行功能外，学会接受不同的观点也是一项关键的社交技能。在课堂讨论环节，引导所有学生以尊重和包容的态度评估其他同学的意见。如果学生的思维足够灵活，能够运用新的信息形成自己的观点和结论，那么请为他们喝彩。

将这些技能和过程明确化，能够帮助学生了解观点的形成过程，以及为什么不同的人会得出不同的结论。（而额外的好处是，用这种方法培养孩子，他们长大后将懂得如何经过深思熟虑形成基于事实观点，而不会接受谣传的虚假信息。）

我的谱系学生在午餐和户外活动时能得到什么支持？

这些没有明确安排的时段对大多数学生来说喜闻乐见，但对谱系学生来说往往最具挑战。午餐时间和自由活动时间都是感觉超载、社交无序的时段。各种各样的学生汇聚在一处，精心设置的师生比例在此时也不能体现。离开成人的监督，谱系学生特别容易受到欺凌。尽管典型发育同龄人能够组织自己的游戏、商讨自己的规则、解决自己的冲突等，但对于需要指导而不仅是体验式学习的谱系学生来说，这种非自己主场的场合通常不是有效且安全的环境。即使你不能陪在谱系学生身边，也可以采取以下这些简单的方法支持他们。

> 这些没有明确安排的时段对大多数学生来说喜闻乐见，但对谱系学生来说往往最具挑战。午餐时间和自由活动时间都是感觉超载、社交无序的时段。

齐心协力

如果可以的话，让食堂工作人员、课间班长（recess monitors，也称"课间休息监督员"，负责在课间休息时维持秩序）和校车司机了解，某些学生可能需要一些额外支持，并要求他们密切关注，必要时给予温和的干预。虽然不能指望这些工作人员为学生提供个别化的支持，但他们多少能给予一些额外的监督和关注。如果你认为有帮助，你、特教老师或辅导员可以找校车司机谈一谈你的顾虑，或者找一位看起来富有同情心的相关工作人员聊一聊。也许你担心的是某个学生可能受欺凌，也许你顾虑的是某个学生容易不知所措。让工作人员知道他们需要注意哪些预警信号，一旦出现这些信号，他们应该如何应对。你可以和校车司机商量好，将司机后面的座位留给这些学生。你可以制定课间休息计划，当出现预警信号时，工作人员要靠近学生，或者和学生一起玩一会儿。还有，只要学生或特定的工作人员认为有必要，学生就可以立即前往感觉室或辅导员办公室。

一旦你确定了愿意参与且富有同情心的合作伙伴，就将他们介绍给学生，并让学生知道该工作人员是他们的盟友，也是他们在这些时段可以寻求帮助的支持者。

你还要鼓励工作人员尽可能随时向你通报他们看到的情况。如果出现欺凌或其他不友善的问题，你必须充分了解情况，这样才能更全面地解决问题。根据具体情况，你可以将这类问题交给学校的心理顾问、辅导员或校长助理进行深入探讨。你也可以使用第七章中描述的行为方法来处理。

外拓（push-out）课程

校内服务多以"抽离"或"融入"两种方式进行。抽离课程（pall-out sessions）是指把学生带到教室外，由相关服务提供者为学生服务。根据 IEP 的规定，抽离课程要在一个小而安静的室内空间开展，学生与教职员工的比例非常小，抽离课程经过优化，专注教授重点技能，实践起来更容易。这样的强化学习经验非常有价值。然而，学生需要离开教室，也就错过了课堂活动，导致他们在学习进度和社交上处于劣势，也就是说，他们在学习的同时，也在进一步落后（Iris Center, 2022）。由于上述原因和其他一些原因，随着 2002 年《不让一个孩子掉队法案》（No Child Left Behind Act）的出台，以及融合实践优先理念的普及，融入课程越来越受欢迎（Drobnjak, 2017）。

融入课程（push-in sessions）是指服务提供者融入课堂，与谱系学生或几个学生一起工作。融入课程不能提供像抽离课程一样的低风险小环境，却能提供抽离课程所没有的好处。首先，融入课程允许学生留在教室里，这样他们就不会错过学习或社交活动。其次，融入课程中，服务提供者能够在学生需要运用技能时进行指导，这一点很重要。相关的服务提供者可以在学生的活动与互动中准确地看到问题所在，因此可以收集特定的数据，并采取更精准的干预措施。此外，谱系学生很难将所学技能泛化，因此，为他们提供在自然环境中实时练习新技能的机会，对于帮助他们掌握这些技能是非常有效的。最后，融入课程简化了服务提供者和班级教师之间的协商与协作，他们同在教室内工作，可以轻松地分享目标、策略和进展。这种合作方式十分有利于学生在不同情境中泛化所学技能（Drobnjak, 2017）。

最佳的策略是将抽离课程与融入课程相结合（Drobnjak, 2017）。根据学生的个人需要，通常我会建议每周上一次抽离课程，强化教学与练习，然后再上一次或多次融入课程，强调应用与泛化。

不过，我更推荐我所谓的外拓课程（push-out sessions），外拓课是说服务提供者在教室外的自然环境中，融入学生的校园生活，如午餐或课间休息时为学生服务。在外拓课程中，言语和语言治疗师、作业治疗师、物理治疗师或辅导员可以帮助学生与同龄人互动，并在社交和感觉要求很高的现实活动中学习并练习新技能。这种支持的形式可以指导并促进社交互动、教授和练习技能，也可以帮助学生融入小组，发起游戏和活动。相关服务提供者可以要求午餐或课间工作人员协助，确保这些新技能组合的连贯性。例如，物理治疗师可以帮助学生学习并练习参加篮球比赛所需的运动技能，有他们在场，能促进学生努力参与比赛。一旦学生掌握了参与比赛的基本原则，理疗师就可以将具体的顾虑告知课间班长（例如，有时其他孩子不会把篮球传给索尼娅，而她很难为自己发声。你能不能留意一下，确保索尼娅能够融入活动，如果她没能融入，请友善且大声地提醒她"我空着，把球传给我"。）

这样，外拓课程就能提供与融入课程相同的好处，为谱系学生在有挑战性的环境中增加额外的支持。不过，在使用外拓课程时请务必谨慎，一些年龄较大或社交能力较强的学生可能会因这样的支持而尴尬，毕竟典型发育的学生更不喜欢受成人监督的环境。

社交技能小组

午餐和课间休息同样也是社交技能小组活动的理想时段，社交技能小组活动属于结构化的教育课程，通常由言语和语言治疗师或学校辅导员主持。在社交技能小组活动中谱系学生可以学习和应用亲社会的技能（prosocial skills）。由于谱系学生无法自主调整其社交技能，因此他们更需要实时辅导和练习新策略的机会。此外，如果教师和家长或监护人以学生的名义提出申请，IEP团队可以要求学生的IEP里必须包含社交技能小组活动，而学校必须创建一个适合的小组。

如果你所在的学校还没有社交技能小组，请向校方治疗师和管理人员提出这一想法。这绝对是最好的做法。

社交小组

社交技能小组是以技能发展为重点的教育团体，而社交小组（social groups）

则是为学生提供社交机会的辅助团体。诸如朋友圈（Circle of Friends，www.circleoffriends.org）、最佳好友（Best Buddies，www.bestbodys.org）这样的团体，都有精心策划的小组结构，能将典型发育学生与需要朋友和低风险社交练习的学生聚集在一起。教职工可以在接受培训后，成为这些团体的顾问，神经典型发育学生可以自愿参与。顾问会指导神经典型发育学生志愿者在午餐时间或放学后，通过一起活动与需要社交练习的学生建立联系并促进友谊。

尊重小组成员的隐私十分重要，但分享学生的需要是没有问题的，你可以告诉大家有的学生在交友、分享、学会轮流等方面需要一些帮助。许多神经典型发育学生很乐于当帮手，他们会热心且主动地参加这样的小组。小组内建立起的联系往往在活动后仍能延续，使典型发育学生与谱系学生提供现成的友谊得以维系。在楼道、校车、食堂、户外以及其他地方，你可能无法时刻监督谱系学生，而这些志愿者们却会成为你的耳目。

我该如何帮助谱系学生更加关注典型发育同龄人？

很难想象该如何教授同理心。我们往往会把同理心看作是性格上的特点——要么有，要么就没有。但它就和许多其他行为一样，当我们将之分解后，就能帮助学生记住各类信号，并将其用作特定反应的提示，就像我们教学生学习其他情境行为一样。请支持学生的认知同理心、情感同理心和表达同理心，并教授学生相关概念。要求学生道歉、复原或赔偿都是这项工作的一部分。

在下面的章节中，你会发现支持典型发育学生同样重要。

支持认知同理心

言语和语言病理学家以及学校辅导员经常和谱系学生一起读取并破解非言语和副言语线索，帮助他们学习（大多通过死记硬背的方式）表示各种情绪的信号是什么样的。许多学生利用海报和视频学习。以图像的形式展示不同的面部表情，并清晰地注明每种情绪的名称，对谱系学生很有帮助。学生也可以练习使用颜文字、表情符号来进行情绪表达（Kavountzis, 2022）。

支持情感同理心

在课堂上分析图书和电影中的人物情绪是支持情感同理心的好方法（Hopf & Lofland, 2022; Pino & Mazza, 2016），你可以将其纳入全班的社会情感学习课程。给全班同学播放电影或分享图书时，养成一个习惯——在感人的或其他激烈的情节处稍做停顿，鼓励全班同学推测其中角色的感受。让学生分享他们通过什么线索得出了自己的观点。

支持表达同理心

我们要指导谱系学生该如何回应他人的感受和经历。许多学生能从角色扮演中受益，角色扮演让他们有机会发挥想象，甚至将自己投射到特定的环境中。言语和语言病理学家以及学校辅导员擅长引导学生思考他们在某些情况下会作何感受，他们在这种情况下希望得到怎样的回应，以及若想交到好朋友，他们能做些什么，而这一点十分重要。

可能你已经很努力地支持谱系学生发展同理心了，但他们依然会反复做出意想不到、挑衅和不受欢迎的行为。他们这种刻板的、冲动的天性可能会对其他同学造成相当大的伤害。

虽然我致力于让人们接受差异，也赞同这世上没有天生正确或错误的存在方式，但同时我也认为所有人都应该受到尊重，因此我们需要帮助谱系学生学会尊重他人。道歉、还原和赔偿都是简单的步骤，能够帮助谱系学生理解自身行为对他人造成的影响，并努力弥补他们无意间造成的痛苦与伤害（稍后，我们将探讨如何帮助典型发育学生学会更好地理解他们的同学）。

道歉

我们都知道，被迫说出的"对不起"只是一句空话，并没有任何意义。但是，为了帮助谱系学生学会为自己的行为负责，他们必须承认自己的行为对他人造成了影响。即使道歉是背出来的，"对不起"这三个字也会强化他们的认知——他们不是活在真空里，他们的行为会影响到其他人。随着时间的推移，他们可能会主动且发自内心地说出"对不起"。但是现在，你得强制他们在适当的时候进行口头或书面的道歉。不过，这种道歉并不一定足以弥补他们对同龄人造成的伤害。

复原

复原（restitution）就是将情况恢复到原本的状态，它是对伤害的一种补偿。假设，米洛打翻了达莎用牙签和黏土建造的原子模型。如果米洛因为一时冲动、粗心大意或考虑不周而打翻了达莎的模型，那么他就该负责帮达莎把原子模型恢复成之前的样子，使情况变得更好。这对米洛来说也是宝贵的机会，在一定的帮助下，米洛能够练习协作、提高灵活性和发展同理心：他需要把自己的日程放在一边，照顾别人。此外，他需要抛开自己的喜好，按照别人的方式去做。

然而，如果米洛是因情绪爆发或动作不当而打翻了模型，那么现在可不是复原模型的好时机。米洛可能不够冷静，无法帮助达莎。此外，无论米洛弄坏达莎原子模型的原因是什么，达莎可能都会拒绝米洛任何形式的帮助。如若这样，可能就需要赔偿了。

赔偿

如果出于某些原因，恢复原状并不现实，就可以考虑用赔偿代替复原或是作为复原的补充。赔偿（reparation）应在尝试复原之后。它是一种弥补痛苦、伤痛和损失的方式。要知道，即使对方会道歉，也帮忙复原被毁坏的作品，但是没有哪个学生就该忍受自己的项目成果被毁、作业被踩上几脚、水杯时不时就被打翻。所以，即使米洛帮达莎复原了她的原子模型，达莎受伤的感觉并没有被复原。作为补偿，可以鼓励米洛想办法再为达莎做些能让她开心的事。这是达莎应得的。

一开始，米洛可能会拿出一些他不在意的东西，比如"允许"达莎做他的家庭作业。也有可能，米洛会大方地拿出一些他自己觉得好的东西，比如，让达莎玩十分钟他的泰坦尼克号模型！如果达莎拒绝米洛的提议，那就要引导米洛考虑达莎有什么兴趣爱好，这样他就可以提供一些对她有意义的东西。这对米洛来说是一个很好的机会，他可以练习从他人的角度思考：达莎想要什么？也许米洛能主动提出明天给达莎带一份她喜欢的零食，或者替达莎做一天或一周的值日。

现在，达莎的损失得到了充分的补偿。而米洛也向社会理解和同理心又迈进了几步。

我该如何帮助典型发育学生更加关心谱系同龄人？

谱系学生很难理解典型发育同龄人，典型发育学生同样难以理解谱系同龄人。升入中高年级后，社交能力逐渐成为学生是否受欢迎的先决条件。典型发育同龄人需要付出额外的努力才能维系与谱系学生的友谊，而多数学生对此并不感兴趣。谱系学生经常坚持按照他们选择的方式做事；他们会在谈话或活动中途走神；他们会不停地说只有他们自己喜欢的晦涩话题，或者突然改变话题；他们会打断别人、落在后面、反应过度、反应不足、攻击或破坏，或是沉浸在来回摇晃、叽叽喳喳或喃喃自语等自我刺激行为中（Centers for Disease Control and Prevention, 2022）。

对大多数人来说，与一个能分享兴趣、懂得轮流、头脑灵活、听得懂他们开的玩笑、尊重他们感受的同龄人交朋友更容易，所以，一些学生不愿与谱系同学交朋友或合作，这完全可以理解。

根据我的经验，学生们对明显有障碍的同学更加宽容，比如那些无口语的、总会摇晃或发出噪声的同学，以及那些坐轮椅的或有明显医疗需求的同学。然而，他们往往会低估这些同学，可能误以为这些同学察觉不出恶作剧和刻薄的评论。我还发现，学生们对障碍程度较轻的同学的行为期望更高。这样一来，偶尔的特殊行为就显得粗鲁或怪异，很不靠谱，而同龄人不太可能会容忍他们。

虽然融合教育计划旨在让谱系学生和其他障碍学生完全回归主流，但它的目的也是要让典型发育学生接受差异（Hehir, 2016; Oliver-Kerrigan et al., 2021）。然而，在实现这一目标的过程中，融合教育使谱系学生更加靠近那些可能会利用其弱点的同学。理解和接受不会自然发生，你需要言行一致，身体力行地促进融合。（对我来说）就是要积极树立这样的意识：所有学生都有价值、差异是受欢迎的，而欺凌是绝不允许的。

> 融合教育使谱系学生更加靠近那些可能会利用其弱点的同学。而理解和接受不会自然发生，你需要言行一致，身体力行地促进融合。

提出价值主张

为了增进全班同学的理解，我建议你把自己看作接受多样性的大使。你可以从使用包容性语言和阅读材料开始。

认真考虑你的措辞和举例。注意使用包容性语言，不仅要代表不同的能力，还要代表不同的种族、文化、宗教、语种、家庭结构、性取向、性别认同等。这样，你才能向所有学生证明，每个人都很重要。

选择适当的朗读读物（read-alouds），并在教室书架上多摆一些关注不同人群价值和人性的书籍（Williford et al., 2016）。以下是一些好书推荐。

- 绘本
    - 凯文·汉克斯（Kevin Henkes）的《我的名字克里桑丝美美菊花》

（Chrysanthemum, 1991），主人公是一个活泼的个性主义者。
- ◆ 迈克尔·霍尔（Michael Hall）的《红蜡笔》（Red: A Crayon's Story, 2015），讲的是贴错标签之后如何认识自我的故事。
- 中年级读物
  - ◆ R·J·帕拉西奥（R.J. Palacio）的《奇迹男孩》（Wonder, 2012），主人公是一个有面部缺陷却意志坚定的小男孩。
  - ◆ 帕特丽夏·赖利·吉辅（Patricia Reilly Giff）的《莉莉的渡口》（Lily's Crossing, 1998），记录了一位年轻难民在战争期间的经历。
- 青少年读物
  - ◆ 洁丝·詹宁斯（Jazz Jennings）的《成为洁丝》（Being Jazz, 2016）是一本跨性别青少年的回忆录。
  - ◆ 安吉·托马斯（Angie Thomas）的《黑暗中的星光》（The Hate U Give, 2017）讲述了青少年在种族和身份认同方面的斗争。

注意，这些并不是关于孤独症的书籍，它们只是展现多样性，以及如何克服逆境、获得勇气和走向胜利的书籍。

还可以准备一些人物传记，任何阅读级别的都可以，主要展示面对各种逆境时的勇气和韧性。考虑一下马拉拉·尤萨夫扎伊（Malala Yousafzai）、迈克尔·菲尔普斯（Michael Phelps）、弗兰克·奥申（Frank Ocean）、艾利奥特·佩吉（Elliot Page）、史蒂夫·旺德（Stevie Wonder）、斯蒂芬·霍金（Stephen Hawking）、杰基·罗宾森（Jackie Robinson）、富兰克林·德拉诺·罗斯福（Franklin Delano Roosevelt）、英王乔治六世（King George VI）、苏珊·B·安东尼（Susan B. Anthony）、路德维希·凡·贝多芬（Ludwig van Beethoven）等人的故事。再次重申，这些书籍并非专门针对孤独症，而是赞美人的多样性和差异性[①]。

在课堂讨论环节使用此类图书，让学生了解有差异是正常的。帮助学生内视自我，认真思考是什么让自己与众不同。说一说大家都是如何面对挑战的，挑战可以是拼写上的，也可以是保持卧室整洁、准时到校、学习曲棍球、练习大提琴，还可以是被包容、被接纳、因为自身特点而被重视。欢迎班上的每一位同学参加讨论活

---

① 原注：访问 www.barbaraboroson.com/inclusivechildrensbooks，按主题和阅读等级查看童书推荐列表，列表上的所有图书都在默默传递融合与接纳的理念。

动"我们都是与众不同的!"

对抗欺凌

在融合教育课程中,谱系学生往往是受欺凌的主要对象。他们的社交行为不寻常、易冲动、看似幼稚,很容易受到戏弄、攻击和排斥。即使你的班级里没有谱系学生,你也要抽一点时间来教授学生有关欺凌的知识:什么是欺凌,什么不是欺凌,以及当他们看到欺凌时该怎么做。

以下是值得探讨的几个关键点。

- **欺凌的形式多种多样,它可能是无声的**:不一定要明显大声的具有攻击性的言行才算是欺凌。
- **欺凌都是故意而为的**:意外的不当行为不能算作欺凌。欺凌是故意为之的。
- **欺凌通常是力量不对等造成的**:也就是说学生利用自己的年龄、身高、性别、力量、受欢迎程度、能力、种族、宗教,或是其他身份地位来欺压他人,从而获得好处。谱系学生往往会因个人能力与社交技能弱而受到欺凌。
- **不是只有做坏事才算欺凌,不做好事也是欺凌**:不邀请同学加入他们(迫使她每天独自吃午饭),或者对不是朋友的同学不友善。活动家乔迪·布兰科(Jodee Blanco)自称是资深欺凌幸存者,她把这类不明显的拒绝行为称为攻击性排斥(aggressive exclusion,引自 Lagattolla,2012),而这可能是最长期也最隐蔽的欺凌行为。

与此同时,尽管改变自己的行为不是受害者的责任,但谱系学生应该学会一些自我保护措施。他们不能及时发现欺凌者的意图。多数谱系学生的社交见识有限,不理解非言语和副语言线索,因此在遭遇欺凌时,他们可能无法辨认欺凌者。即使意识到自己受到了虐待或羞辱,他们也可能意识不到自己需要保持距离。

以下是一些自我保护策略,供易受欺凌的学生参考。

- **身份对调**:大人经常提醒孩子"待在我能看得见的地方!"但心盲的学生可能会非常困惑,并不清楚他们应该待在什么地方才能让大人看得到他们。换个说法,告诉谱系学生:"待在你能看得见我的地方!"
- **人多更安全**:教会谱系学生,如果看不到你或其他可靠的成人,他们可以向小伙伴寻求帮助。请帮他们选出适合求助的小伙伴。这时,好友团或朋友圈就派上用场了。

在融合教室里，典型发育学生对谱系同学的影响潜力无限。他们可以成为朋友、支持者和拥护者，也可以成为欺凌者、挑衅者和对抗者。他们会从身边的所见所闻中学到，要么赞美差异、坚决支持正确的做法，要么嗤之以鼻、佯作不知。你会是他们的榜样，你的所作所为能让典型发育学生感受到榜样的精神力量，并激励他们终生立志成为有良知的人。利用同龄人的潜力，培养他们对与自己不同的人保持开放的心态和胸怀。

> 在融合教室里，典型发育学生对谱系同学的影响潜力无限。

即使我们积极看待差异，谱系学生在参与和学习课程时仍然需要帮助。在下一章中，我们将探讨参与度和认知加工过程，并论证指出，与社会化的过程一样，我们需要根据学生的实际情况来拟定并实现目标。

第六章　参与和认知加工

有的时候，谱系学生似乎无法进行学习。即使身体没有乱动，他们也可能分心，相当抗拒加入你精心规划的学习之旅。许多因素都会影响谱系学生参与课程、吸收内容的能力。前几章里我们讲过的焦虑、坚持、思维固化、执行功能障碍、感觉反应，以及语言和沟通方面的挑战，这些都会干扰学生的学业参与和认知。在本章中，我们将从参与、认知和学习的角度来分析这些挑战和其他挑战。

关于参与和认知处理的问题

通常，谱系学生会专注于自己选择的活动主题，很难让他们参与其他活动，他们也很难以有用、有意义且可检索的方式去学习。

本节将讨论以下几个问题。
- 为什么谱系学生看起来对身边发生的事不感兴趣？
- 为什么前一天谱系学生似乎已经掌握的知识，第二天却忘记了？

为什么谱系学生看起来对身边发生的事不感兴趣？

这和"先有鸡还是先有蛋"属于一类问题。焦虑可能会使谱系学生远离外部世界，把自己封闭在内心世界的避难所里，而把自己封闭在内心世界里会使他们与外部世界的互动更加困难。无论如何，我们可以肯定的是，疏远和焦虑之间的相互作用严重限制了谱系学生参与学习。事实上，我们似乎无法将谱系学生的注意力从他们喜欢的事物上移开。共同注意、行为刻板等具体挑战也会导致学生参与度低。

共同注意

共同注意（joint attention）是谱系学生难以轻易参与课程的一大挑战。共同注意属于社交本能，它能促使典型发育人士想与他人分享经验（University of North Carolina School of Medicine, 2022）。甚至在学会说话之前，我们就在寻求共同的经历。小婴儿会指着路过的狗，与其他人分享害怕的感受。蹒跚学步的孩子会回头张望，确保她的爸爸注意到她差点摔倒。学龄前儿童会拉着你的手，向你展示他搭的积木城堡有多高。

然而，孤独症谱系学生往往没有这种社交本能。他们可能不想与你或他人分享自己的经历，更重要的是，他们也不想了解你的经历或参与课程。这就是为什么你在教学时很难吸引谱系学生的兴趣和注意力。

行为刻板

谱系学生对你讲的课明显不感兴趣的另一大原因是行为刻板。正如第二章"谱系学生要如何应对焦虑？"这部分中所述，行为刻板是指不顾场合地持续关注个人感兴趣的特定主题或活动。因此，当你开始讲分数的概念时，或是当班上的同学都聚在窗边看彩虹时，甚至当有同学晕倒时，谱系学生可能还在滔滔不绝地讲述新款苹果手机和新款安卓手机之间的操作和系统差异。

另一方面，孤独症谱系学生更愿意把注意力集中在他们熟悉的事物上，从而获得最大的安全感。但是，在大多数情况下，你教授的内容会包含学生不熟悉的新知识。当然，这正是你要教他们的原因！而正是因为它们又新又陌生，所以谱系学生往往会退到相对安全的舒适区。这正是矛盾所在，在你需要他们最大程度参与的时候，他们的注意力却收了回去。

说到这里……

孤岛天才

学者综合征（savant syndrome）是一种相对罕见的疾病，这类人表现出胜于常人的能力或技艺，相较他们的整体功能特征，这些能力或技艺异常惊人。精神病学家达罗·特雷菲特（Darold Treffert, 2009）曾为电影《雨人》（Levinson, 1988）提供咨询，他将学者综合征患者称为"孤岛天才（islands of genius）"。由于《雨人》这部电影，人们将学者综合征与孤独症密切关联起来，然而在现实

> 世界里二者之间的关联并没有那么密切。在孤独症人群中，学者综合征实际发病率仅在 10% ~ 30% 之间（Hughes et al., 2018）。学者综合征患者可能会在音乐表演、听觉敏锐度、视觉艺术表达、日历计算、心算以及机械或空间技能等方面表现出色。
>
> 学者综合征患者与潜心钻研单一主题的专家不同。如果谱系学生把所有的空闲时间都花在看迪士尼电影上，他可能会成为行走的迪士尼百科全书，这不足为奇。然而，学者综合征的出现却是神奇且神秘的。最早报道的学者综合征患者是一个名叫托马斯·富勒（Thomas Fuller）的人，据报道他无法理解任何理论或抽象概念，也无法理解除了基础运算以外的任何数学概念。然而，有人问富勒：一个人 70 岁 17 天 12 小时，他活了多少秒？他只花了 90 秒就在脑子里计算出了正确的答案，甚至还考虑到这期间的 17 个闰年：2210500800 秒（Treffert, 2009）。哇哦！

为什么前一天谱系学生似乎已经掌握的知识，第二天却忘记了？

确实如此，谱系学生的认知困难不仅影响他们的学习效果，也影响他们的学习方式（Aljunied & Frederickson, 2013）。部分原因在于他们的认知处理过程存在一定差异，对此伦敦大学学院认知神经科学研究所（Institute of Cognitive Neuroscience of University College London）名誉教授、发展心理学家乌塔·弗里斯（Uta Frith, 2003）提出了中央统合理论（central coherence theory）。该理论认为典型发育的大脑会接受离散的信息片段或细节，并自发地将之整合起来，从而获得对广义概念的整体理解。中枢性统合依赖于整体连贯和局部连贯的平衡（Aljunied & Frederickson, 2013）。

整体连贯

强中央统合又称为整体连贯（global coherence），是指可以将各种细节或信息碎片连贯起来得出整体意义的能力。整体连贯使我们能够看到整片树林，在认知上将碎片整合成有意义的整体。整体连贯能让我们建立联系，将相关的内容放在一起、置于情境中，并推断出广义的、多方面的意义（Aljunied & Frederickson, 2013）。

具有挑战性的学业标准（academic learning standards）要求学生具备整体连贯能力。例如，一些数学标准要求学生将算法情境化和去情境化、求等值和比例、外推和运用常数，并理解变量的本质和抽象可变性（National Governors Association

Center for Best Practices & Council of Chief State School Officers, 2010b）。一些英语语言艺术能力（English Langue Ant, ELA）标准要求学生掌握要点或大意、总结、批判性思考、识别广义主题、比较和对比概念、创建核心概念，并用证据支持观点（NGA & CCSSO, 2010a）。这些技能以及其他许多技能都需要整体连贯能力。

局部连贯

局部连贯（local coherence）能力较强的学生在看整片树林时，眼里看到的是一棵棵单独的树。局部连贯能力较强的学生和大多数孤独症谱系人士一样，很难找出段落大意，也不擅长为短文写标题，更不会总结课程或经验。出于同样的原因，他们可能无法在背景细节中找出重要信息，反而将关注点放在不影响全文理解的非关键信息上。

这些学生同样很难将信息置于有意义的环境中。局部连贯使他们在学习中，将知识视为不可变的信息块。对他们而言，每个知识块都是稳固的或固定的，不能与其他知识块合并或融合。因此，让他们将信息情境化具有双重挑战：学生不仅要寻找共同的主题，还要把片段拼凑到一起。通常，他们会下意识地发问："这些新信息与我昨天学的知识怎么结合到一起？"这就是为什么谱系学生很难检索他们以前学过的信息。新的信息没能被归纳进有意义的认知情境或类别中，它们是一个个离散的信息块，漂浮在一片无限制也不相连的信息海中（Gastgeb & Strauss, 2012）。这就是认知失序（cognitive disorganization）。

> 新的信息没能被归纳进有意义的认知情境或类别中，它们是一个个离散的信息块，漂浮在一片无限制也不相连的信息海中。这就是认知失序。

在我看来，大脑就像一个大大的文件抽屉。也许你家就有这样的抽屉，里面是一个个文件夹，每个文件夹都标明一个主题：教学证书、纳税申报单、已付账单等。当你对每一条信息进行认知分类，再用心将其归档到相应文件夹中后，你就能在需要时轻松找到它。但对于许多谱系学生来说，他们大脑中的认知文件抽屉里可能没有文件夹。他们对所学知识是以离散的信息块进行认知处理的，没能按主题与先前的信息进行整合，每一条信息都会原封不动地丢弃在那里。因此，当谱系学生需要检索特定的项目时，他们根本就找不到，甚至不知道该去哪里找。再打个比方，这就和没有分类标签的推特一样——没有标签的内容是搜索不出来的。

局部连贯加上具象化思维会干扰学生准确激活信息的能力。由于关注细节，谱系学生很难泛化行为期望、指令，不懂得如何具体地或广泛地应用想法及其他信息。为了准确地概括，我们需要从细节中退一步，关注对象或观点之间的共性，由细节推断全局。这里需要的就是整体连贯。

> **说到这里……**
>
> **积极看待局部连贯**
>
> 即使局部连贯会干扰信息理解、概括和检索，乌塔·弗里斯及其同僚伦敦国王学院精神病学、心理学和神经科学研究所（Institute of Psychiatry, Psychology and Neuroscience, King's College London）的认知神经科学教授弗朗西斯卡·哈佩（Francesca Happé）却认为局部连贯能力是这些学生的独特优势，如果他们被全局概念分散了注意力，反而无法做到极致（引自 Booth & Happé, 2018）。如第四章所述，谱系学生对音调之间的微妙差异有着非凡的敏锐力，他们中有绝对音准的人的概率比普通人群更高。这是因为谱系学生能更清晰、更深刻地看到、听到和感知细节，他们在音乐、艺术、技术、工程等方面取得了惊人的创新成果。

过度泛化（overgeneralization）

有时，谱系学生学会一项技能或概念后，会将其应用得过于广泛。这就是过度泛化。举例来说，六年级的社会研究课老师露西亚在教学生如何在作业顶部加入标题。在教完所有细节后，她解释道："从现在开始，我希望你们交上来的所有东西都有正确的标题。"果然，从那天起，她的谱系学生芬恩一丝不苟地执行了这条规定，在他交给老师的所有东西上都写了恰当的标题，包括论文、考试和家庭作业，甚至是假条、通行证和节日贺卡。

无法泛化（undergeneralizing）

更常见的情况是，谱系学生对规则和概念的应用过于狭隘、过于具体，无法进一步泛化（de Marchena, Eigsti, & Yerys, 2015）。例如，三年级老师埃米利亚诺发现，孤独症谱系学生茱莉在走过同学的课桌时，她的袖子不小心把同学桌上的卷子带到了地上。但茱莉并没有停下，她还在往前走。

埃米利亚诺对茱莉解释道："茱莉，你看到你把伊凡的卷子带到地上了吗？发生这种情况时，哪怕是意外，你也应该道歉，还要把东西捡起来！"

茱莉回答："哦！好的。"她立即对伊凡说："对不起！"然后捡起卷子，放回到伊凡的课桌上。

然而第二天早上，茱莉把书包挂起来时，不小心蹭掉了相邻挂钩上的外套。然后她径直走开了。埃米利亚诺很惊讶地说："茱莉，你不记得我们昨天说的吗？如果你碰掉了别人的东西，你要把它捡起来。"茱莉万分不解："我还以为你说的是如果我把伊凡桌上的卷子碰到地上……"

精准泛化是课程隐性的一部分，没有人明确地讲解教授，学生需要凭直觉精准地识别信息的应用范围。为了帮助谱系学生精准泛化信息，并以有意义和可检索的方式归档每个概念，我们需要提供具体的指导和参数，明确说明我们在教什么，为什么要教，以及如何将这个概念与其他内容相联系。否则，学生可能就会过度泛化或不会泛化。

提高课堂参与度的策略

要知道，学生的兴趣爱好能令他们安心。在我们努力提高学生的课堂参与度时，如果猛然夺走他们的安慰锚，他们必然会感到不适，而这种不适感与焦虑无异。正如你所知，一旦学生产生焦虑情绪，随之而来的就是破坏性行为，进而整堂课可能都会失控。欲速则不达，你要充分利用学生的优点长处，在他们出现刻板行为后，使用适当策略，有效提高他们的课堂参与度，循序渐进地引导他们缓步走出舒适区，具体策略如下。

我该如何让谱系学生停止刻板行为，参与到课堂中？

这个问题恐怕比你以为的还要复杂！让学生停止刻板行为并不是适切的目标，因为刻板行为可能是一种重要的应对机制（Gelhert, 2021）。当你破坏了他们的应对机制，他们就无法进行应对。下面是一些绕过刻板行为的简单策略：从具体的事物讲起、设定一个信号、让专家随时待命、找出关联、留出时间。下面将逐一解析。

从具体的事物讲起

谱系学生的思维往往十分具象化，因此你在讲课时要尽可能用具体的、与个人相关的内容来吸引学生，提高参与度。上新课时，一定要从最基础的概念讲起，以具体的内容为起点，再一点点加深。这是十分寻常的做法，对谱系学生却至关重要。举例来说，你是高中经济学老师，在你教授需求和供给的概念时，你可以从一张数据图讲起，这张数据图表示的是万圣节和情人节期间糖果的需求量变化。你可以做这样的说明：制造商要在可预见的需求高峰期增加供给，因此每年的这些时候商店里都会有很多糖果。当然，你也可以换个方向，讲一讲出现意外的需求增长时会发生什么，比如因地震造成大规模的人口疏散，汽油被哄抢，补给跟不上，汽油很快就会售罄。那么，汽油的价格会发生怎样的变化？

这就是一个渐进式支架（scaffolding）教学的例子，以糖果这样具体的、与我们生活息息相关的物品为起点，过渡到我们不太熟悉的地震期间汽油短缺的情境。这样，你就可以带着学生一起讨论商品、消费、资本、自由市场等更为抽象且陌生的概念（如果用经济学的知识来指代的话，也就是说你要先教微观概念，再扩展到宏观概念）。

设定一个信号

我发现一个既有用又有趣的策略，那就是创建一个固定的视觉或听觉信号，让学生知道你会在什么时候告诉他们中心思想或关键信息。你可以尝试挥动手中的小旗子、轻轻吹响口哨、摇一摇铃铛，或者哼一段曲调来引起学生的注意。请确保所有学生都清楚这个信号的含义，他们知道当看到或听到这个信号时应该做什么。此外，你还要检查一下，这个信号会不会引起学生感觉方面的不适，如学生有不适的情况，那它也就失去了应有的意义。

让专家随时待命

孤独症谱系学生因其刻板的天性，可能会在某些特定领域表现出色，也许你的班上就有这样的学生。他们可能精通历史、天文、宗族、拼写、算术、统计、地理、电力、气象或他们感兴趣的其他领域的知识或技能。你可以在课上寻找机会，邀请这些学生担任专家顾问或评论员。如果谱系学生愿意担任这样的职务，你就要提醒他们，你无法事先告知何时会需要他们，因此他们必须时刻保持专注和警醒——你可能会突然需要他们的专业知识。

> **说到这里……**
>
> ### 坚持再坚持
>
> 毫无疑问，刻板的特质会干扰学生了解默认的规则和实现传统社会化。心理学家托尼·阿特伍德（Tony Attwood, 2009）打了这样一个比方：神经典型发育的学生在开阔的道路上驾驶着全地形越野车，当他们发现自己正朝着错误的方向行进时，他们会这样想：糟糕！我走错路了！然后他们会改道。而谱系学生却沿着单行道行进。当他们遇到阻碍或路障，或者发现自己走错了路时，他们就会卡在那里。他们不会改道，反而会坚持：这就是正确的路线啊。为什么走不通？对他们来说，没有其他路线，也没有办法绕过路障或阻碍。因此，他们会不断地冲撞那个障碍。有的时候，他们会心灰意冷，然后彻底放弃。有的时候，他们会不停地冲啊冲，或者坚持再坚持，直到他们找到没人试过的突破方式，以全新的视角看待事物。
>
> 许多孤独症和神经多样性倡导者认为，刻板是使孤独症谱系人士成为真正专家的原因。尽管这种单一的专注可能会使内容教学更具挑战性，但这种单一、不变的专注也能让人拥有令人侧目的深度的专业知识。许多孤独症谱系学生通常只专注于他们感兴趣的狭窄领域，完全不在乎其他领域（Leland, 2018）。从地质学到族谱学，从西红柿到龙卷风，从甲壳虫到披头士，他们感兴趣的主题可以是任何事物。许多谱系人士不被社交压力影响，也不关心他人如何看待自己，他们可以不受限地自由思考、分析、假设、解构、重建、创造和创新。
>
> 研究表明，谱系人士大脑的神经连接有复杂且多样的差异（Mohammad-Rezazadeh, Frohlich, Loo, & Jeste, 2016; Zerbi et al., 2021）。部分区域高度连接，而另一些区域则低度连接。这样的异常会使谱系学生极难获得和吸收某些技能和内容，但同时也能另辟蹊径获得新的解释和启示（Zerbi et al., 2021）。简单地说，你可以把大脑想象成一座机场，一个个想法和观点陆续起飞和到达。如果洛杉矶和纽约之间的航班较少，那么洛杉矶和圣达菲之间的航班可能就会多一些（Dance, 2020; Grandin, 2008）。

一旦给予谱系学生专家的身份，而你也表现出对他们的信赖与钦佩，你就在无形中提升了他们的社会接纳度以及他们的社会地位。在我为一个四年级的班级做咨询时，一位学生能够记住历任美国总统、副总统及其夫人的姓名、生日、祭日和任期。虽然他在社交方面非常吃力，但只要班里出现与美国联邦政府相关的问题（这类问题在四年级十分常见），他的同学都会向他求助。而他也会迅速地给出所需的信息，同学和老师都会向他道谢。我即使看到过多次，依然觉得神奇。被同学当专家看待让他倍感骄傲，同学对他的强烈钦佩，以及感到自己如此被需要，会令他终生难忘。

找出关联

如果谱系学生在上课期间，突然说一些他们最爱的话题，打断了课程或活动，那么在要求他们保持安静前，你要给他们一点时间，确保他们的插话与课堂无关。持续不停的单一话题容易引起他人的反感，也很容易让人不予理会。假如你有一位痴迷《冰雪奇缘》的学生，所以你在课堂上会尽量避免提到雪宝及其伙伴。但是，谱系学生也可能将他们的刻板兴趣与课程内容建立起有用的联系。当你在教授刘易斯与克拉克（Lewis and Clark）远征以及他们对路易斯安那领地的探索时，谱系学生突发奇想，觉得安娜和艾莎（Anna and Elsa）可能和他们有一些关联。也许学生认为他们都是一起探索、保护彼此、发现新世界的著名伙伴，这就是二者的相似之处。请保持开放的心态，有的时候学生的刻板兴趣可能会与教学内容产生意想不到的相关性。如果你不能确定，大方地询问即可！

留出时间

尽管刻板本无过错，但它往往会扰乱课程和对话的进程。学生的特殊兴趣会影响他们学习重要内容。当你发现学生的刻板问题干扰了他们的课堂参与时，你可以通过提供限定因素给予学生帮助。限定时间："现在可不是谈论风挡雨刷器的时间哦。现在是谈论和思考刘易斯与克拉克的时间。等到 11 点一刻，你可以有五分钟的时间集中讨论风挡雨刷器。"而后，你一定要兑现你的承诺，按时给予他说好的时长。

如果学生无法抛开刻板兴趣专注于课堂内容，我该怎么办？

嗯，打不过就加入吧！当谱系学生深度沉浸在刻板兴趣中时，这一刻板兴趣就是学习的障碍，而让他们参与课堂的最好方法就是利用他们感兴趣的领域来吸引他们的注意力。你可以管这种方法叫"优点教学法（asset-based instruction）"。而我称之为"找到切入点（finding the hook）"。这种方法就是在他们感到舒适的时候加入他们，并将你的内容与他们喜欢的话题联系起来，和缓地引导他们离开舒适区。无论学生关注的是火山、昆虫、火箭推进器、英国王位继承、迪斯尼电影，还是其他什么事物，总有办法将学生的特殊兴趣与课程联系起来。不论学生是哪个年龄段，不论你教的是哪一科，也不论学生的刻板兴趣是什么主题，有多么晦涩难懂，你都可以使用这一策略。具体操作如下。

让我们用你打算教授的某一节课来试想一下。先用几分钟安静地思考谱系学生的刻板兴趣（就是那个你一直想掐断的兴趣）。大胆地发散你的思维。你的课程内容和学生的兴趣之间有哪些联系？二者之间有什么共同之处？而你就要从这个共同之处开始你的授课。

假设学生阿扎德痴迷于汽车。他看一眼汽车就能分辨它的品牌和型号。他遇到人就会问对方开什么牌子什么型号的车、其家人开什么车，以及他们的车是哪年生产的。紧接着，他会继续向对方介绍他们的车都有哪些独特的性能。汽车似乎是阿扎德谈论的唯一话题，也是他愿意思考的唯一方向。

那么，在你向全班介绍一个全新的概念时，就用汽车来举例子。这样一来，阿扎德就会心甘情愿地和大家一起学习。

数学课：

- 在教计数和分类时，用玩具汽车当教具。
- 在教图表使用时，把饼图做成方向盘的样子。
- 在教计量单位时，用百公里油耗来对比加仑和升的大小。
- 在教百分比时，比较汽车的标价和实际售价。

社会研究课：

- 在教市区、郊区和农村生活有何不同时，从各地区居民用车差异讲起。问一问："在城区，人们除了小汽车外还使用什么交通工具？为什么？"
- 在教历史时期时，着重关注每一历史阶段人们的"座驾"。例如，先是骆驼和马匹，然后是车轮的发明，于是有了战车和马车。还可以再说一说"马力"一词的由来。
- 可以让阿扎德阅读或编写汽车大亨的传记，如亨利·福特（Henry Ford）、路易斯·雪佛兰（Louis Chevolet）、本田宗一郎、埃隆·马斯克（Elon Musk）和尼古拉·特斯拉（Nikola Teslel）。让阿扎德回答诸如"汽车与流水线有什么关联？""流水线对制造业和工业有什么影响？"这样的问题。
- 讨论各国都制造什么汽车。问一问："这些国家还生产什么？"

英语语言艺术课：
- 为了提高学生兴趣可以在拼写和词汇表中加入与车辆相关的单词——从"轮胎""后备箱"到"变速箱"和"扭矩"。
- 在教授比较和对比概念时，讨论同一厂商制造的不同车型，以及不同厂商制造的相似车型。
- 使用与汽车相关的组织结构图进行写作。例如，不要把段落比喻成汉堡，段落的主题句可以是发动机仓盖或车顶，第一个信息点可以是仪表板，第二个信息点是座椅，第三个信息点就是底盘，而车轮或后备箱则是段落总结。
- 可以让阿扎德假装自己在买车来提升批判性思维技巧。他要如何选择购买最佳车型？他要如何分析并评估相关因素来支持他的选择？他要如何评估制造商和广告商的偏向性？他怎么才能知道价格足够优惠？

科学课：
- 在教授磁力概念时，去停车场测试一下，汽车的哪些部件有磁性，哪些部件没有磁性。
- 在向学生介绍不同类型的能量时，探讨驾驶汽车会用到的各种能量（包括机械能、电能、化学能、热能、光能、声能、动能、势能等），并了解这些能量的不同度量单位（千瓦时、焦耳、马力、卡路里、英热单位等）。
- 在教授空气动力学时，观察不同汽车的设计，探讨是什么使某些汽车比其他汽车跑得更快。
- 在介绍环境研究时，讨论混合动力汽车和电动汽车的好处，并与公交车、火车和自行车的排放量进行对比，分析它们对环境和气候变化的影响。

我们的目的是让学生参与进来，把他们的刻板兴趣融入课程中，只要他们参与的时间足够长，他们就会熟悉新的内容且感到安全。这样一来，你就为他们搭建了一座通往课程的其他部分的桥梁。

一旦阿扎德参与进来并表现出兴趣，那你就可以拓宽教学范围，继续教授你想要教的内容，让班上其他人也都感兴趣并参与进来。举例来说，在介绍新的单元时，你让学生思考哪些国家制造了哪些汽车，这些国家还制造了什么。既然阿扎德有了兴趣，那他就能沿着熟悉的线索，跟随你进一步学习：为什么某些产品会由某些国家制造？什么是自然资源？这些产品是如何进入其他国家的？现在，你可以讲你想讲的内容了，出口、贸易、税收、经济、外交关系都可以。你猜阿扎德为什么能参与进来？你猜对了！是"汽车"让他参与了进来。

我该如何帮助谱系学生参与阅读？

有些障碍可能会阻碍谱系学生从阅读中获益。当然，这其中包括伴随而来的学习障碍或阅读挑战，任何学生都可能出现。孤独症谱系学生常有一些特定的阅读挑战。许多人在解码方面相当有能力——事实上，五分之一的谱系学生有超常的阅读能力（hyperlexic），这意味着他们的解码技能远高于他们的理解、认知和沟通技能（Ostrolenk, d'Arc, Jelenic, Samson, & Mottron, 2017）。

然而，随着课程从学习阅读扩展到通过阅读学习，对谱系学生来说越来越难（Cerga-Pashoja, Gaete, Shishkova, & Jordanova, 2019）。三年级往后，阅读理解就需要多种执行功能，如推论、推断、概括、预测、反思、读懂字里行间的含义，以及其他对谱系学生来说相当具有挑战性的技能。阅读也需要体验和理解。你可能也发现了，当谱系学生对正在阅读的内容感兴趣时，他们的阅读理解能力会大幅提升。阿扎德可能很容易阅读并充分理解著名汽车杂志《名车志》（*Car and Driver*）上有关自动变速器、标准变速器和无级变速器之间差异的技术性文章，却无法读懂幼儿园水平的分级读物。这就是不同参与度带来的结果。阅读理解困难可能会影响他们在每个内容领域的学习能力，因此这是一项十分重要的技能。

许多谱系学生，特别是那些社交能力有限的谱系学生，更喜欢阅读非虚构类图书而不是小说（Davidson & Weismer, 2018）。而与他们的特殊兴趣爱好相关的内容更容易吸引他们，非虚构类图书不会存在人物塑造和情节发展等令人讨厌、难以理解的问题。爱看这些书没问题。但你要帮助他们把阅读范围扩展到小说领域，可以请图书管理员帮忙，找一些包含他们特殊兴趣的书。例如，根据阿扎德的年龄和阅读水平，他更容易阅读公路旅行主题的虚构类书籍，比如，面向小读者的绘本《穿越美国的拉鲁》（*LaRue Across America*, Teague, 2011）；适合中年级学生阅读的图像小说《姐妹》（*Sisters*, Telgemeier, 2014）或《小屁孩日记之长途旅行》（*Diary of a Wimpy Kid: The Long Haul*, Kinney, 2014）；或是青少年小说《汽车》（*The Car*, Paulsen, 2006）。

如果可以的话，更好的做法是用这些书做延伸和拓展学习。比如，阿扎德可能想要阅读《小屁孩日记之长途旅行》，部分原因是绘本小说更易阅读，但主要原因是故事基本发生在车里。读完这本书，阿扎德就了解了格雷格·赫夫利（Greg Heffley）和他的家人，以及罗利和他的伙伴们。现在，阿扎德已经熟悉了这些角色，他们成了吸引阿扎德阅读《小屁孩日记》系列作品的切入点。再比如，《穿越美国的拉鲁》以引人入胜的美国地图为特色，向青少年读者介绍大峡谷和帝国大厦。在阅读这本书时，阿扎德可能会对书中的各个州或特定地标产生兴趣，从而想要阅读相关书籍。而《汽车》一书不仅向阿扎德介绍了美国中西部和西北部，还介绍了越南战争，这可能会成为联系其他战争以及国际关系、伦理等主题图书的切入点。此外，阅读《汽车》能让阿扎德认识作者加里·保尔森（Gary Paulsen, 2006），而他笔下与汽车无关的精彩小说，会打开阿扎德的思维，拓宽他的世界。

促进认知加工和内容吸收的策略

不过，即使你能让谱系学生参与到你的课程中，但他们在内容获取和吸收的过程中仍然存在一定的障碍。

认知加工方面的挑战是谱系学生在学习中的重大障碍。也许教育工作者无法打破这些障碍，但可以使用以下策略规避障碍：改善信息检索、支持内容掌握、全程实施差异化教学。

我该如何帮助谱系学生进行信息检索？

谱系学生凭直觉理解不成文信息的能力非常有限，因此你的要求始终都要尽可能地明确。我所说的"始终"就是任何时候都要。所以，当露西娅老师要求学生交给她的所有东西都得有标题时，她要更加严谨地提出要求："从现在起，我要在所有的文章、试卷和家庭作业上看到恰当的标题。"当埃米利亚诺教茱莉捡起她碰掉的东西时，这样说效果更好："只要是你造成的物品掉落，无论何时、无论何地，哪怕不是你有意的，你都要把它捡起来。如果出于某些原因你做不到亲手捡起来，你也需要协助它归位。"

通过大量的练习和辅助，谱系学生或许能够自己完成一些步骤。对大多数学生来说，随着时间的推移，有间隔的重复练习有助于掌握新学技能。心理学教授约翰·唐洛斯基（John Dunlosky, 2013）认为一个人提取某段记忆或某个概念的次数越频繁，相应的认知联系就会变得越强。

事实上，重复检索的行为"在神经元之间建立了更牢固也更持久的联系"（Saunders, 2023, p. 11）。要鼓励所有学生随着时间的推移反复复习和练习材料，以提高记忆力和对上下文的理解能力，而不要在考试前临时抱佛脚。但你要知道，对于许多谱系学生来说，焦虑、社交或情绪困扰或其他功能挑战可能都会阻碍他们获取学习的内容，因此在这一过程中他们可能需要额外的提示（和耐心）。

例如，我的儿子早已年满十八岁，他没和我一起生活，但每天都会给我发无数条信息。大多数时候我都无法立即回复他的信息，尤其是在我工作的时候。我教过他很多次，他人没立即回复意味着什么：他们可能忙于工作、吃饭、交谈、开会、上厕所、看电影。我还教过他，当他得不到回复时该怎么办：等待并相信对方会在可以回复时回复他的消息。但是，在他想联系我的那一刻，他无法从我的沉默中推断出其含义，也无法以正确的方法应对。局部连贯使他无法区分紧急事件和日常琐事。他高涨的情绪干扰了他的认知过程。心盲使他无法站在我的立场思考，或许我正忙别的事。执行功能障碍让他无法耐心等待，他没办法暂时搁下自己的问题，将注意力转移到其他事情上。因此，他会不停地用信息轰炸我，并配以越来越抓狂的表情符号——从幽默到困惑，然后是愤怒，再到悲伤。你可以从图 6.1 中看出他的情绪的发展变化。如果这样，我依然没有回复，他就会不停地给我打电话，直到我回复为止。而我为了让事情到此为止，无论我是否有空都得回复他。于是，我给他发信息告诉他：我正在开会。在我告诉你我有空之前，请不要再给我发信息或打电话了。通过这样的方式，我给了他一条明确的停止指令。至少在第二天前这条指令都有效。

不过我也意识到，在我不断设定和重申这些条件用语时，他根本没能内化需要学习

图 6.1　没有得到回复的情绪变化

的自我调节技能。所以，现在再收到他的信息轰炸时，我会提醒他花点时间想一想他学过的内容：我没能回复他，意味着什么？这比我每次都重新教他要强得多。他需要自己检索学过的信息并加以应用。我希望随着时间的推移，他能将这则提示内化，会问自己：" 别人不回复我，意味着什么？" 也许有一天，他自己就能找到答案。

我可以使用什么策略帮助学生掌握内容，而不是简单地重复事实？

为了促进这些学生对内容的掌握，包括有意义的理解，以及参与、吸收、记忆和检索，我们需要引导他们识别并聚焦于整体情况，并将信息组织整理成实用的认知文档。我们可以用情境支架和概念组织工具来引导这类认知。

情境支架（Context Scaffolding）

> 这是一种强有力的策略，在你介绍每节课时，不仅要告诉学生你要教他们什么内容，还告诉学生你为什么要教。

一个有效的教学策略是：在每节课开始时，不仅要告诉学生这节课要学什么内容，还要解释为何要学这些内容。事实上，无论是神经多样性学生还是典型发育学生，在了解到"为什么要学这些内容后"，所有学生都能从中受益（Roberson, 2013）。这看似简单，但少有教育者愿意多花时间解释"为什么"，他们往往默认学生能自发将新知识点与情境关联，并自行理解这些内容在课程体系中的位置。

举个例子，假设你在高中英语课上教授谢尔曼·亚历克西（Sherman Alexie, 2009）的《一个印第安少年的超真实日记》(The Absolutely True Diary of a Part-Time Indian)。有一天，你发给学生两页纸，每页纸上都有一个人物剪影。而你布置的家庭作业是让学生思考两种不同的自我识别方式，再在剪影上描绘出这两种身份。第二天，学生们会把他们的作业交上来。而你要根据他们的努力程度为他们打分，并对他们的创造力或洞察力写一两条评语，再把作业发还给他们。这项作业布置得很不错：能够很好地帮助学生接受动态的、可变的自我认同方式，这也是当下备受认可的方式。为谱系学生和其他学生提供了一个机会，让他们探索既被包容又与众不同的感受。

但是，如果你没有明确解释布置这项作业的目的，谱系学生可能就找不到这项作业和这本书之间的联系。在这种情况下，把作业置于情境框架中，学生对活动意义的理解以及学生与书中主人公产生共鸣的能力，都会产生巨大的影响。你可以用下面这样的解释来介绍这次活动。

> 《一个印第安少年的超真实日记》的一条主线是主人公阿诺（Junior）认为自己分属于两个截然不同的世界。他感觉自己有着两种不同的身份，而大多数时候他并不确定自己是哪一个，也不确定该如何融入。为了帮助我们了解阿诺的经历，我希望你们每个人都能思考令你们困惑的不同方面，并将你们自己不同的方面画在这些纸上。

接下来，在你讲这本书的过程中，你要提醒学生反思他们自己的身份剪影，以及他们在生活中是如何应对挑战情况的，从而帮助他们更好地理解阿诺的行为和反应，并思考作者的用意。

这样的提示和明确的关联有助于所有学生——不仅是谱系学生——建立重要的联系。它们阐明了课程中看似离散的内容之间的相互关联性，并引导学生将这些离散的部分加在一起，构建出一加一大于二的整体。通过这样的方式，学生将掌握全局。

概念组织

各级教师都可以使用组织图结构引导谱系学生将不同内容联系起来思考，从而提升学生的整体性、全局性思维。这些工具不仅有助于学生建立联系，还可以帮助他们区分中心思想和细节，并形成有序理解作品的支架。谱系学生适用的高效概念组织工具如下。

- **时间轴**（timeline）直接、有序，且以日期为重点，这也是谱系学生常见的兴趣领域，因此谱系学生往往能够较轻松地理解（Anthony et al., 2013）。你可以在时间轴上定位各种概念，有效地帮助学生想象何时发生了什么。使用时间轴可以促进学生对事件发展、潮流演变的理解，比如创新、工业、民权、政治、经济、科学、艺术、音乐等不同领域的情境。
- **韦恩图**（venn diagrams）和**对比图**（compare-contrast charts）展现的是集合（或者说是类别），学生要按照物品或概念的特点对其进行分类。它们对谱系学生和其他学生来说都是很好的工具，因为它们能够直观地描述共性和差异，并指导学生在脑海中组织或"归档"信息，非常有帮助！
- **人物树**（character trees）和家庭树相似，学生可以为图书或历史事件中的人物创建人物树。谱系学生强烈的局部连贯性导致他们密切关注细节，而不是全局，跟踪细节会严重分散他们对情节、性格发展、人际关系和主题要素的注意力。对一些人来说，厘清主要人物的基本信息可以让他们放弃追踪细节，转而关注更大的全局要素。要想用好人物树，就要让学生先制作自己的家庭树，熟练掌握树形结构和所需符号。

- **故事板**（storyboards）和**排序网格**（sequencing grids）都是模板工具，学生按照故事发展顺序，绘制或记录故事中的主要情节。这些工具有助于指导谱系学生的整体连贯性：这些学生在识别故事要素时，可能需要一定的帮助与支持，他们需要分辨哪些是主要情节，值得在故事板上占有一席之地，而哪些是次要情节或细节。一旦完成了对主次信息的排序，他们就可以随时返回故事板或排序网格，重新定位到故事的主线。

- **概念网**（concept webs）和**词汇网**（word webs）将中心思想作为模板的中央枢纽，由学生识别并放置次要信息。这种组织工具能够引导学生按照层级相关性将信息分类，增强他们关注重点、识别概念联系和概括信息的能力。

- **草图笔记**（sketchnoting）是用对读者或听众特别有意义的方式来记录想法，它比简单的涂鸦更主观，也更富有成效，是一种有趣且有用的策略。由于许多谱系学生都是天生的图像思考者，因此草图笔记去除了将视觉概念转化成文字记录的繁琐认知过程。给学生提供一个模板，如可复制的"草图笔记"中的模板，能够指导学生参与、理解和记忆（Boroson, 2019）。

我该如何调整课程才能满足谱系学生的特定学习需求？

帮助学生掌握内容的另一种支持方式是通用学习设计（Universal Design for Learning，简称 UDL; Center for Applied Special Technology, 2018）中强大的示意图。UDL 是一种教育框架，它融合了各种灵活的教学方法、材料、技巧和策略。UDL 的目标是为具有不同技能和能力的学生——也就是所有学生——消除学习障碍。UDL 是为了差异化而创建，却应用普遍。UDL 旨在改变课程以适应学生，而不是试图改变学生以适应课程。正如非营利性教研机构 CAST（2018）所解释的那样，UDL 指导教学的三大原则是：(1) 呈现原则；(2) 行动和表达原则；(3) 参与原则。

> 通用学习设计的主要意图是改变课程以适应学生，而不是试图改变学生以适应课程。

呈现原则

UDL 的呈现原则考虑的是学习的内容，也就是教师要介绍什么信息、概念和观点（CAST, 2018）。对所有学生来说，如果内容的呈现与学生的理解水平和能力不匹配，就无法衡量他们对内容的掌握程度（Tomlinson, 2017）。UDL 鼓励教师采用多种方式来呈现不同复杂程度的内容，并使用多种方法。教师不应该给班上的所有学生发放同一本主题教材，而是应该根据每个学生的理解程度提供替代性阅读材料，这些材料的语言可简单也可复杂，所述的观点可深可浅，总之要满足不同学生的需要。呈现工具和技术包括有声读物、在线或视频演示、交互式学习站（interactive learning stations）、翻转课堂（flipped classrooms）、各式组织结构图，以及许多其他创造性方法。

行动和表达原则

UDL 的行动和表达原则考虑的是学习的方式，鼓励学生更加灵活地获取并展示知识（CAST, 2018）。也就是说，无论你教的是什么课，都要确定你的主要目标。例如，你到底是要学生真正理解还是要记住？你要接受尽管有时学生记不住具体的日期，但他们已经掌握了关键的历史知识。你到底是要学生真的理解还是死记硬背？即使学生不能大声读出来，但他们却会跟着你的进度学习，并理解书中的内容。

只要条件允许，就给所有学生选择展示知识的机会。你可以提供写作、打字、唱歌、跳舞、默剧表演、绘画、雕刻、拼贴、蒙太奇、播客、制作 PPT 或拍摄视频片段等选项。特别是谱系学生，他们在很多领域都存在挑战，有选择是一种很好的方式，让所有学生利用自身优势和特殊兴趣来展示他们所知道的东西，他们可以专注于优点并提高参与度（Hanewicz, Platt, & Arendt, 2017）。

参与原则

UDL 的参与原则考虑的是学习的原因，也就是为什么要学（CAST, 2018）。这与激发学习兴趣和动机有关，对谱系学生尤为重要。UDL 建议，为了提高所有学生的参与度，课程应该是个别化、情境化的；教室应该是安全的、结构化的、可预测的、有组织的，且进行了感觉调节；还应帮助学生运用积极促进自我意识和自我调节的社交情绪策略。

要记住，UDL 中的 U 代表通用性（universal），因为你为谱系学生实施的差异化策略——从调节感觉环境，到标示重要观点，到使课程与个人相关，再到将新概念融入情境，甚至到实施 UDL 的原则——将使你的每一个学生都能受益。等你用过本书中推荐的策略后，你会发现受益的不仅是谱系学生。优先考虑清晰度、一致性和情境后，你肯定出不了大错。

就教学内容而言，清晰度、一致性和情境同样重要，就支持行为而言，它们也同等重要。下一章将探讨谱系学生出现破坏性行为的原因，并提供有效的应对策略。

草图笔记

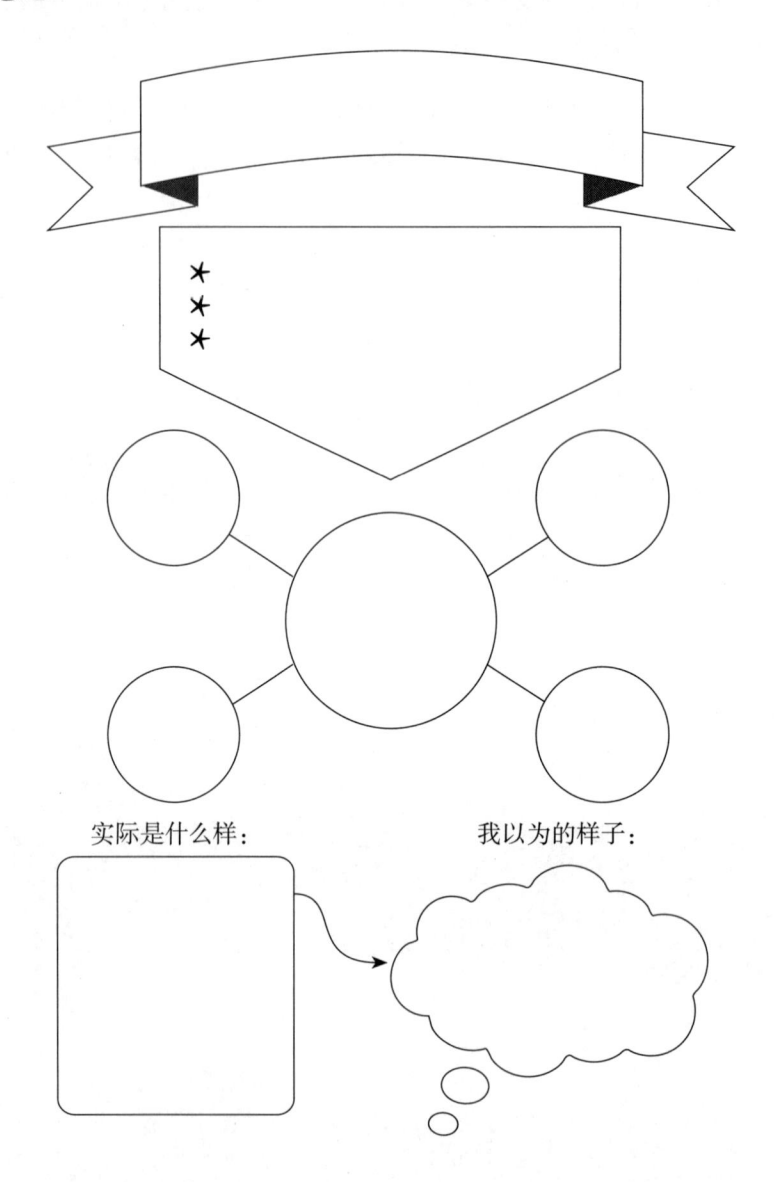

实际是什么样：　　　　　我以为的样子：

来源：The General Education Teacher's Guide to Autism © 2023 Barbara Boroson · SolutionTree.com

第七章　破坏性行为

也许你直接跳到这一章，满怀期望（或孤注一掷）地寻找关于破坏性行为的问题和答案。没问题。这是你的书，你想怎么读就怎么读。但请注意，如果你没有阅读前面的章节，直接跳到了本章，你不仅会错过许多复杂的角色成长和有趣的情节转折，还错过了解决破坏性行为的关键策略。这是因为大多数破坏性行为都是在舒适、安全等基本需求没能得到满足时出现的。当焦虑、执行功能障碍、感觉压力、沟通挑战、社交压力和参与障碍得不到解决时，学生更有可能表现得易怒、气愤、激动、自残或有攻击性（Schorr, 2019）。不过，如果你已经采取了前几章里提到的一些策略，那么你在避免困难行为方面已经走在了前列。

然而，尽管你已经采取了所有的预防策略，破坏性行为仍然有可能出现。本章将帮助你学习如何解码谱系学生的行为，你会了解他们在通过行为传达怎样的困扰信息。一旦你能识别出学生焦虑的诱因、感觉压力源或潜伏在破坏性行为中的其他不安来源，就请回顾本章节的相关内容，提醒自己该如何帮助他们缓解。

关于破坏性行为的问题

正如第二章所述，谱系学生更喜欢遵守规则，而不是打破规则。考虑到这一点，如若谱系学生违反了规则，请找出是什么导致他们偏离了航线，并帮助他们重归正轨。更好的做法是，你制定的规则要非常清晰且易于理解，前方自然是一片坦途。你的学生绝对会非常乐意遵守它们。

接下来的章节将讨论以下问题。

- 如果规则那么有用，为什么我的谱系学生总不遵守呢？
- 我对谱系学生破坏性行为的反应是否该与对其他学生不同？

如果规则那么有用，为什么我的谱系学生总不遵守呢？

谱系学生之所以不遵守规则，原因有几个。与可视化日程表一样，教师必须确保谱系学生准确理解了规则的含义，并确保他们有遵守规则的能力。当谱系学生违反规则时，考虑学生是否在下述领域存在挑战。（在本章后半部分，有支持学生遵守规则的策略。）

- **能力**（ability）：当学生违反规则或放弃任务时，可能是由于能力不足。例如，化学课上，你的指令是边倒边搅拌，但学生可能先倒再搅拌。存在双侧协调困难以及其他视觉或运动挑战的学生，可能无法同时进行倒和搅拌两个动作。

- **理解**（comprehension）：你的规则前提可能是学生有过往经验、懂得习语的含义，且能理解多层次的期望（关于习语，详见第五章）。例如，"我们要以友善和尊重的态度对待彼此"这一规则，前提就是学生对友善和尊重这两个抽象概念有着深刻的理解，然而事实可能未必如此。

- **泛化**（generalization）：如第五章所述，你的指令可能不够具体，或者学生也许不能准确地泛化规则——应用范围太窄或太广，或者只在限定的情境中应用。例如，某位学生坐在课桌前，用钢笔涂涂改改地完成学习清单。你提出了一条规则："从现在起，所有课堂作业都要用铅笔完成。"第二天，还是那位同学，他交上来的作业依然用钢笔改得乱七八糟。你问他："还记得我告诉过你们作业应该用铅笔完成吗？"他的回答是："但您说的是课堂作业。这是家庭作业！"

- **情境**（context）：如第六章所述，有的时候，学生学习新信息的方式并不容易或无法按主题提取信息。也就是说，学生在需要时可能无法获取相关信息。

- **干扰**（interference）：有的时候，焦虑、社会化或感觉挑战可能会十分严重，以至于它们会凌驾于理性和服从之上。这就能解释，为什么某谱系学生前一天很容易遵循某项规定，但第二天却会违反该规定。这些挑战可能会让谱系学生陷入困境。例如，当火警响起时，意料之外的事情可能会引发令人丧失能力的焦虑，警笛声可能会令人极度痛苦。为了缓解焦虑，学生开始来回摇晃，但这会打破"立即排队"的规则。他们因生理疼痛而大喊大叫，但这会打破"消防演习要保持安静"的规则。现在，他们因违反规则而陷入麻烦，而这只会令他们的焦虑进一步升级，从而导致更多的破坏性行为。因此，如果你发现谱系学生违反规则，在对学生重复强调无差别的规则或后果之前，先花点时间考虑一下学生个人的情况。（请回看第二章，在紧急事件发生时支持这些学生的策略。）

- **优先顺序**（prioritization）：谱系学生往往会按字面意思理解，因此当指令看起来相互矛盾时，他们可能无法确定优先顺序或做出合理的选择。在我儿子六岁的时候，有一天乘校车回家时他发现座位上的安全带坏了——他无法系好安全带。校车上有一位护士长本可以帮助他，但她制定了"校车上禁止说话"的规则，因此我的儿子认为不能开口寻求帮助。乘车不系安全带，会违反一条规则；可如果他开口请求帮助，就会违反另一条规则。这可怜的孩子一下校车，就哇哇大哭起来，因为一路上他都在尽力拽着安全带靠近卡扣。在这种情况下，"校车上禁止说话"的规定可能就有些笼统了；或许应该阐明一些例外情况，让学生在有需要时寻求帮助。（有关描述规则例外情况的更多信息详见下文。）

- **灵活性**（flexibility）：与典型发育同龄人不同，谱系学生往往无法确定哪些规则不能违反，哪些规则可以稍加变通，哪些规则完全要视情况而定，等等。

    天宝·格兰丁（Temple Grandin, 2008）是世界知名的发明家和动物学教授，她也是一名孤独症人士，她常说如今自己仍然很难理解规则应用的不一致。即使作为一个卓有成就的成年人，她也要努力应对混乱的规则，因为规则并不是一成不变的，也会根据情况产生变化的事实。她不得不学会把生活中的规则按照以下方式分门别类。当所有规则都清晰一致并被严格遵守时，孤独症学生会感觉最舒服。规则分类如下。

    ◆ 违法且不可接受的行为规则——无论何时都不能打破这些规则，比如禁止杀人或偷窃的法律。这类规则对谱系学生来说相对容易遵守，因为这里没有灰色地带。"禁止点火""禁止把武器带到学校"和"禁止在校园里吸烟"等规定都十分明确。

    ◆ 违法却可接受的行为规则——即使这样做是违法的，人们还是会违反这类规则。例如，超速驾驶和乱穿马路都是违法的，但许多人还是会超速驾驶和乱穿马路，而他们却很少因此陷入麻烦。在学校里，有明确的规则"禁止在大厅奔跑"，但还是会有学生跑过来和同学打招呼，或是飞奔进教室而不受惩罚。当有人违反了这类边界模糊的规则时，谱系学生可能很难用他们非黑即白的思维方式理解，也无法默不作声地袖手旁观。

- 礼貌规则——这些规则不是法律，可以违反——但也只是有时。例如，父母教导孩子不可以撒谎。但在某些情况下，撒谎是意料之中的事，也是一种社交礼貌。例如，收到一份不想要的礼物时要道谢（可以说："谢谢你，我很喜欢！"）或违心地称赞一个穿衣风格（比如说"你看起来很棒！"）。在学校里，考试时说话会违反规则，可如果你在考试时打嗝却不说"抱歉"，就会被认为没礼貌。

- 潜规则——如前所述（见第五章），潜规则是社会期望隐性的一部分，没有正式的教学，学生也不会生而知之（Crossman, 2019）。例如，我们可能会教导孩子过马路时要注意往来的车辆，却不会教他们过停车场时也要注意往来的车辆。我们会教孩子们不要和陌生人说话，也不要接受陌生人给的食物，此时隐性课程也会起到作用：但可以和收银员说话，也可以接受超市提供的免费试吃。在学校，不成文的规则可能包括不能吃别人餐盘里的食物、不能爬上旗杆、不能把回形针扔出窗外，以及无数其他规则。这些都是隐性的期望，没人会想着要去明确……直到我们发现我们需要。

我对谱系学生破坏性行为的反应是否该与对其他学生不同？

当我们处于压力之下时，没人能保持最佳状态。我们可能易怒、不耐烦，甚至很快就会崩溃。而谱系学生无论何时都处于相对较高的压力下，这也难怪他们特别"易燃易爆"。最少受限制环境不仅能为谱系学生提供诸多好处，也确保了他们的能力能发挥到极限，有时甚至超常发挥。

由于应对能力受损、语言有限，行为可能是谱系学生表达痛苦的唯一途径。我们有责任解码他们通过行为所表达的信息，调整环境，以便更好地规避可能的触发因素，并以有助于学生学习自我调节技能以及应对痛苦的替代方式进行干预。事实上，在大多数情况下，谱系学生的破性坏行为并不是在对抗或挑衅。导致破坏性行为的原因如下（Rudy, 2022）。

> 最少受限制环境不仅能为谱系学生提供诸多好处，也确保了他们的能力能发挥到极限，有时甚至超常发挥。

- 感觉系统不堪重负或刺激不足

- 无法融入社会环境
- 不参与课程
- 执行功能障碍带来的挑战，包括冲动控制不力
- 压力源的积累引起的焦虑

这就是为什么零容忍政策和结构（如"相同的行为，相同的处理"），对这些学生（坦白地说，对任何学生都是）来说并不合适（Alnaim, 2018; Henson, 2012）。像这些将"平等"置于"公平"之上的无差别政策，没有考虑到学生若要在学业和在行为上取得成功，则需要不同类型的支持（Alnaim, 2018; Henson, 2012）。停学、开除等排斥行为会导致学生与学校之间的关系破裂，加剧学生在学校里的行为问题（Lamont, 2013）。此外，学校推行的纪律制度，如停学和开除，剥夺了学生的学习机会，剥夺了残障学生获得他们所需的相关服务的机会，并使他们无法依靠这些服务来发展更好的学习和行为技能。学校本应是学生接受教育的地方，我们可以用支架引导他们走向成功，但它却成了让学生遭遇拒绝和失败的一个地方。

比起边缘化程度较低的同龄人，残障学生、非白人学生、其他少数族裔和边缘化群体的学生更有可能被停学（Alnaim, 2018; Anderson, 2015）。具体而言，在美国，残障学生被停学的概率是非残障学生的两倍多（U.S. Department of Education, Office for Civil Rights, 2020）。被停学的黑人男孩比例是所有停学学生比例的三倍多。尽管残障黑人学生仅占美国总入学人数的2.3%，但他们在所有被停学的学生中却占了8.8%（U.S. Department of Education, Office for Civil Rights, 2021）。

在加拿大最大的城市多伦多，有特殊教育需求的学生占全体学生的17%，但约60%的停学学生都是有特殊需求的（Zheng, 2021）。在澳大利亚，80%的停学学生都是残障学生。土著学生被停学的可能性是非土著学生的三倍，而最有可能被停学的是残障土著学生（Graham, Killingly, Laurens, & Sweller, 2021）。在英国，男生被开除的概率是女生的三倍（探索教育统计团队，2021）。英国孤独症学生被停学的可能性是其他学生的三倍（Guldberg et al., 2021）。

更糟糕的是，司法政策研究所的数据显示，在美国，一年内有过一次停学经历的学生进入少管所的概率是普通学生的三倍，而一年内有过两次停学经历的学生很可能会在高中辍学（Nelson & Lind, 2015）。由于这种严重的不均衡，美国从学校到监狱的通道里挤满了非白人学生、残障学生，尤其是非白人的残障学生。

所以，对于你的问题——"我对谱系学生破坏性行为的反应是否该与对其他学

生不同？"——答案是肯定的，却也是否定的。该不同，我们必须对每一个孤独症谱系学生的独特行为需求做出个别化回应。不该不同，因为我们应该个别化回应每一个学生的独特需求。学生被停学并不是由生理、生物、基因或任何其他方面决定的。只要注意区分并满足每个人的个人需求，他们就都能得到有意义的、持久的、积极改变生活的支持。

你的时间和精力都有限，还有很多其他事情要做，因此这听起来似乎并不可行。但是，在接下来的问答中，你将看到如何进行个别化的课堂干预，也会看到强大的学校系统是什么样子的，所有这些都能产生差异化、高效且公平的结果。

课堂上的破坏性行为的应对策略

显然，许多惩戒制度都让大部分学生失望，也包括孤独症学生。然而，只要通过一定的调整和差异化，一些已有系统就可以有效地支持他们，具体做法详见下文。

我该如何帮助谱系学生遵守规则？

如果你的谱系学生能够遵守规则，他们就会遵守规则。接下来的策略将帮助你检查学生是否具备遵守规则的技能、他们有没有理解能力、你的期望是否明确，从而确保他们做到这一点。

> 如果你的谱系学生能够遵守规则，他们就会遵守规则。

任务分解

谱系学生真正需要的是更多帮助，而不是简单地被纠正或被告知下次要怎么做。他们需要的不仅仅是鼓励，因为鼓励只能激发他们的主动性，却不能教会他们该怎么做。正如临床心理学家和行为专家罗斯·W·格林（Ross W.Greene, 2014, p.10）所解释的那样，"当儿童的认知需求超过了他所具备的技能时，通常为了对这些需求做出适应性地应对，他们就会出现问题行为"。这就像，如果你给学生一千美元写一篇关于地球海洋物理学的科研论文，他们会很有动力，但由于缺乏这个研究领域的知识，他们根本做不到。

出于同样的原因，许多规则所需的遵守技能可能超出谱系学生本身具备的能力。他们可能缺乏遵守规定的技能，也有可能是其障碍影响了他们遵守规定的能力。因此，如果不能教授学生新的行为技能并促进其发展，任何行为目标都只会徒增学生的挫败感，进一步降低他们遵守规则的能力。

因此，在你制定规则或设定新的行为目标时，一定要提供以下差异化的支持，使学生更好地遵守规则。

- **检查内化能力**：确保你的规则和期望所需的技能不会轻易超出学生的知识库或能力范围。例如，如果你希望学生把论文整理好，考虑一下实现这一期望所需的全部基本技能（如按字母顺序排列、标明日期、分类和归档）。分别检查学生理解和完成每个要素的能力。
- **传授技能**：为了确保学生能够理解，请以差异化的方式教授每项内化能力，例如，一对一的支持和可视化日程表。
- **提供练习机会**：为学生创造练习每一项新技能的机会，并提供相关支持。通过支架教学，逐步增加新的技能。再让学生从头到尾地练习全部技能。

> **说到这里……**
>
> **老师！老师！**
>
> 谱系学生遵守规则时会感到非常舒适，在有序的环境中会感到最安全，因此他们通常会成为规则的执行者（Sulsenti, 2016）。好吧，在你享受规则执行小助理的裨益前，请注意，你的其他学生恐怕不会太愉快。请一定要为这一特殊技能设下限制，以免它变成一种负担。
>
> 教给谱系学生一条元规则（meta-rule），它能指导学生该在何时纠正同龄人，而何时不该纠正同龄人。例如，一些谱系学生可以学习"打小报告"和"汇报"的区别。打小报告（tattling）是指向成年人讲述同龄人的行为，只是为了让同龄人陷入麻烦，比如"蒂托在课桌底下发短信！"；而汇报（reporting）也是向成年人讲述同龄人的行为，但目的是帮助同龄人摆脱困境，比如，"汤米把艾比戳哭了"。打小报告不好，而汇报应予以鼓励。
>
> 当谱系学生向你讲述有人违反规则的情况时，提示他们评估一下他们说的内容是打小报告还是汇报。随着时间的推移，如果学生能够学习并理解这两个概念之间的区别，他们可能能够自我评估，从而确定他们应该汇报，还是应该保持沉默。

检查的重要性

解决异常行为的另一重要差异化策略是思考你到底需不需要采取行动。当你看到某一行为，它不是你期望的，和其他学生的行为也不同，甚至你以前都没见过，那么，请停下来问问自己："这种行为会引起混乱吗，有破坏性吗，危险吗？"如果答案是否定的，那么截然不同的干预措施是：顺其自然！别管它。这种方法强化了多样性，融合课堂必须欢迎不同的存在，并为之保留空间。所以，如果谱系学生需要猫在他的课桌下面阅读，你可以试着接受。如果另一个学生需要整天戴棒球帽，你也可以试着接受。

请记住，在一个公平的班级里，每个学生都能得到他们需要的东西。所以，如果其他学生抱怨伊曼妮能在教室里戴棒球帽，而他们不行，这不公平！你只要提醒他们，在你的班上，每个人都能得到他们需要的，所以，如果他们有特定的需求，你也会满足这些需求。然而，如果你确定某些行为失控会引起混乱、有破坏性或危险性，那你就需要干预了。

当谱系学生失控时，我该如何应对？

失去控制相当可怕。当学生失控时，他们首先要知道，有人是平静、冷静、镇定且处于控制状态的。这种动态被称为"核心调节"（coregulation），它取决于你是否有能力提供一个始终如一的温暖、安全、有序和包容的环境，在这个环境中你要以身作则，保持稳定的自我控制、支持学生学会调节自己的情绪和反应（Frei & Herman-Stahl, 2021; Rosanbalm & Murray, 2017）。然而，出现破坏性行为时，虽然我们会帮助学生保持冷静，但我们自己可能都很难保持冷静。

下列策略可以帮助每一个正在经历这些挑战时刻的学生：要求支援、创建安全空间、降低音量、提供安抚策略、不要被卷入其中、让重新融入变得容易。

要求支援

一旦你认为自己或学生可能有危险时，立即要求支援。请注意，如果你有一个容易制造危险的学生，而你并不清楚要求支援时学校能提供怎样的支援，那么现在就去问一问管理层。不要等到你处理不了的时候再说。当然，我希望你永远用不到支援，但不要等到你需要时才去花时间搞清楚该如何要求支援。

创建安全空间

当学生失去控制时，即使你没嗅到危险的气息，也要尽量将该学生隔离起来。你可以把该学生转移到一个相对私密一些的地方，或者把班上的其他同学转移走，不要让他们看见也不要让他们听见这里的一切。请记住，谱系学生和其他学生一样，应该享有隐私和尊严，不要让一群同龄人指指点点地围观他的危机。如果你班上有学生出现过行为爆发，你可以提前和隔壁班的老师沟通，让他们在你努力控制事态发展时，帮你暂时代管班里的其他学生。

降低音量

感觉痛苦不一定是爆发的导火索，但可以肯定的是，爆发会引起感觉痛苦！当你试图缓和学生的状况时，语气要轻柔和蔼，说的话越少越好，对肢体接触要格外谨慎，给他们留出个人空间。过多的语言会进一步压垮学生，他们可能根本无法理解，因为一旦情绪激动，他们接收语言的能力和听觉处理能力可能都会失灵。而他们的感觉系统可能也处于高度戒备状态，因此即使你想要通过轻柔的触碰安抚他们也可能被误解，甚至加剧情绪爆发。此外，他们的逻辑或理性推理能力可能也会失效（Holland, 2021）。当你感觉他们的痛苦程度已经超过一定水平，请保持安静，不要开口说话。

提供安抚策略

与其用语言与他们沟通，不如准备一些图片沟通卡（如第二章和第五章所述），提示他们使用之前练习过的平静策略，例如深呼吸十次或闭上眼睛数到二十。

如果你已经为学生创建了冷静箱（如第二章所建议的），请使用视觉提示引导他们使用他们的冷静箱。根据你对他们的了解及《家庭问卷》（参考第二章）提供的信息，他们应该能在冷静箱里找到自己专属的感官物品和安慰物。你还可以在里面附上一张冷静卡，提供一些舒缓策略或令人振奋的肯定词，如图7.1所示。

给失控的学生冷静箱可能会产生极佳的效果，也可能会让地板多个坑，以及散落一地的安慰物和破碎的冷静箱。所以，要谨慎选择时机。你的学生需要准备好冷静下来，然后才能真正冷静下来。

> 要谨慎选择时机。你的学生需要准备好冷静下来，然后才能真正冷静下来。

> **我可以冷静下来！**
> 挤压力球能让我感觉好起来。
> 阅读我的《宝可梦》可以帮我平静下来。
> 用耳机听音乐有助于我放松。

> **我感觉很好！**
> 我游泳游得很好！
> 我能说出蒂莫西·查拉梅参演过的每部电影的名字！
> 我能背诵圆周率至小数点后 27 位！

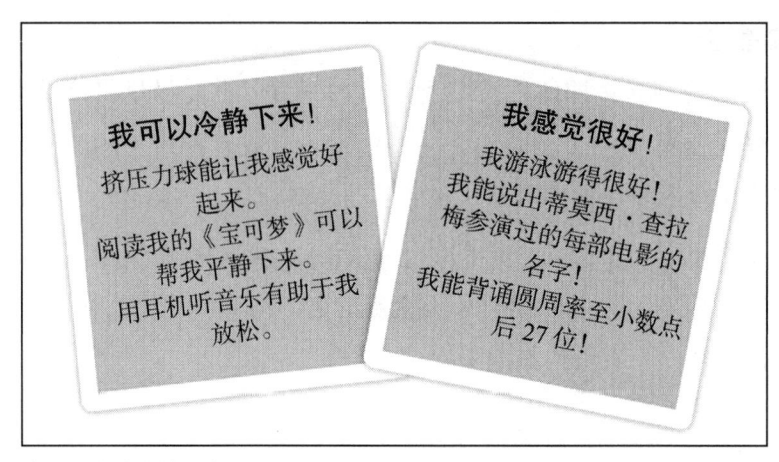

来源：改编自博罗森，2016。

图 7.1　冷静卡示例

不要被卷入其中

当学生情绪失控时，他们也无法控制自己的言行（Lockett, 2021）。他们甚至可能都不知道自己在说什么或做什么（Sabia & Hupbach, 2020）。他们可能会说出令你震惊的或感到冒犯的话；他们可能会损坏自己（或你）在意的物品。请记住，他们不是有意地说或做这些事情，他们在事后很可能会感到非常后悔。请不要说出攻击性的言语，如咒骂、诋毁或侮辱，也不要回应学生的挑衅，如"你算老几，凭什么你让我做什么我就做什么？"不要受其影响而去背诵你的简历——这不是针对你个人的！尽量避免指出后果或威胁后果的话，如"看看你都做了些什么！你要花几个小时才能把这些都清理干净"。这样的言论只会增加焦虑，使情况恶化。

相反，你要尝试给予非响应性支持（supportive non-responsiveness）。也就是说，你要让学生知道有你陪在他身旁，且不会回应他的挑衅性行为。你可以试着平静地说，"等你和我说话时不再骂人，我就会回答你"或"等你不再敲桌子时，我就会过来帮你"。

> 请不要说出攻击性的言语，如咒骂、诋毁或侮辱，也不要回应学生的挑衅。相反，你要尝试给予非响应性支持。

让重新融入变得容易

当学生平静下来时，请记住他刚刚经历了一场剧烈的情绪激战。他的神经很脆弱、他的感官被压垮了，他可能会因为自己失去控制而感到害怕和愤怒，他可能会感到尴尬。更糟糕的是，由于他的爆发，他珍视的日程安排可能已经被打乱了，在他爆发的过程中，他可能无意中扰乱或破坏了身边重要的安慰锚。所有这一切都会让他特别难以恢复，也难以重新融入课堂、融入其他同学。请给他一些机会酌情处理：他可能需要与辅导员待在一起、在教学楼里安静地散散步、重新整理一下自己、在感觉室或感觉空间待一会儿，或者只是想在教室里有一点安静空间。

当他想重新融入课堂时，尽量让他像平时那样进入教室。盛情问候和激烈掌声可能会令人尴尬和不知所措，而他脆弱的心态也还没有准备好承担后果。热情地欢迎他的回归，给他一点温柔的支持，能帮他有效地恢复正常。稍后，我们再去复盘刚刚发生的一切，并为将来制定策略。

针对行为事件，我该如何与谱系学生进行事后沟通？

一旦学生从破坏性行为中平静下来，事后沟通就显得尤为重要了，你要弄清刚刚发生了什么。请记住，谱系学生不太可能从过往的经历中学习，除非我们公开讨论这些经历，并结合实际情况地进行泛化应用。

根据具体的学生、事件的严重程度、涉及的人数以及学校的政策，事后沟通可能要从你和学生的一对一谈话开始，也可以进行"恢复性环形对话（restorative circle）"、多学科团队会议或其他形式，本章会详细讲解。事后沟通无关指责也不是要惩罚，而是为了促成积极的改变而一起学习。并非所有孤独症学生都能进行反思和内省，我们要在他们向前走之前，帮助他们向后看，这一点十分重要。

当你和学生互动时，要保持不加评判地倾听的心态。询问学生对所发生的事情的看法。无论学生能不能开口说话，都要提供图片沟通卡、其他辅助或替代设备来帮助他们沟通。接下来，即使你不认同他的看法、即使你也不明白为什么事情会变得如此重要，你也要认真倾听，不要妄加评判。你体验这个世界的方式与这个谱系学生并不相同。他认为重要的事对他来说就很重要，即使这事对你来说无关紧要。如果食堂某品牌的椒盐卷饼没有了，换成了另一个品牌的，你无需理解这突如其来的变化为何会使谱系学生产生丧失能力的压力。你可能无法感同身受，但请尽你所能去体谅这位学生，满足他的要求，让事态往好的方面发展。

然而，请记住，学生极有可能将行为爆发归因于爆发前的最后一幕。他们可能意识不到细小的诱因如星星之火亦可燎原。他们可能也不明白，预期焦虑会在实际诱发事件前就导致破坏性行为爆发。因此，你需要做更多的工作来了解究竟是什么前因触发了这一次的爆发。

什么是功能性行为评估，我该何时申请？

谱系学生并不能自然而然地从经验中学习并改变自己的行为。这一过程并不是一条笔直的大路，有时会走弯路，有时会走回头路。但对谱系学生和你来说，为未来做准备的最好方法就是从过去学习。

功能性行为评估（functional behavior assessment，简称 FBA）是仔细观察行为或行为模式以了解其功能的过程，为的是制定一个缓解触发诱因的干预计划，并教会学生用新的、更具适应性的方式来表达痛苦，满足需求。按照 IDEA（2004）规定，功能性行为评估是积极行为策略的一部分，但该法案对何时需要进行功能性行为评估提供的指导十分有限，各州关于这一问题的指导原则各不相同，且大都含糊不清（von Ravensberg & Blakely, 2015）。然而，最佳实践表明，无论何时，当某种行为上升到危险的程度，或者当一系列行为对学习造成障碍时，功能性行为评估对所有相关人员来说都是一次强有力的学习经历，也是改变现状的重要催化剂。如果你认为功能性行为评估对某个学生有益，你可以通过你的管理员、校辅导员、特殊教育或 IEP 小组协调员提出申请，即使没这么做，他们可能也会建议你申请。

大多数情况下，学校的心理学家或其他合格的行为专家会牵头开展功能性行为评估，多学科团队成员、家长或监护人（在条件许可下，相关学生也可参与）会被召集在一起。有效的功能性行为评估包括三个部分（Schwartz, 2021）。

1. **有实证数据支持的破坏性行为描述**：在 FBA 的部分，应该用客观、具体、可测量的术语来描述行为。必须避免使用主观词汇，如"粗鲁""挑衅""对立""固执"等，以便为分析提供事实依据。

2. **行为的解释**：FBA 的这一阶段将围绕破坏性行为的背景因素展开。下一节，将介绍帮助你完成这一过程的两种策略——ABC 分析法和 5W 法。

3. **行为干预计划**（behavior intervention plan, BIP）：在提供数据并做出解释之后，多学科小组会制定一个非常具体的计划，其中包括行为目标、解决行为模式的策略以及监测和测量进展的标准。

即使在不需要进行功能性行为评估的情况下，解释行为的过程也十分有意义。请花一点时间考虑一下行为的模式、背景和功能，这有助于你以有意义和有效的方式处理这些行为。

解读行为：ABC 分析法

许多功能性行为评估都会使用可复制的《ABC 表》（见本章末尾）等模板来解构行为的功能，方法是结合可能引发或支持该行为的其他因素对其进行检查。ABC 分析法由前提、行为和后果组成。

- **前提**（antecedents）：前提是指一切出现在该情况之前的东西，它们可能会触发或促成这一情况，也可能不会。要注意行为的模式，就必须全面审视行为周围的所有背景线索。前提可以是外部的（如课堂变化、日程安排偏差、社交挑战、家庭动荡），也可以是内部的（如思想、情感、感觉痛苦、焦虑）。对许多学生来说，可能是两者的结合：当外部环境引发内心焦虑时，行为就会爆发。

相关的前提可能发生在行为事件前的那一刻，也可能是几小时甚至几天前。当行为升级时，我们仔细观察，经常会发现前提和行为之间存在不断升级的循环。如，图 7.2 中的场景。

情境	前提	行为
特里娜的手举了很长时间，但老师一直没有叫到她。	等待、不耐烦	特里娜大声喊出她的问题。
老师问："特里娜，为什么别人都在举手，而你却大喊？"	沮丧、丢脸、气愤	特里娜咒骂。

图 7.2 ABC 分析法示例。

- **行为**（behaviors）：在这种情况下，有关行为被视为其之前的事件（前提）和之后的反应或结果（后果）的函数。使用打印的或数字化的模板（如可复制的"ABC 表"），将行为置于前因后果之间，有助于你对情况的所有影响因素进行干预。
- **后果**（consequences）：ABC 分析法中的后果部分，并不是针对行为设计新的后果——那是在行为干预计划的形成过程中要做的。相反，在 ABC 分析法中，对后果的研究更多是审查尝试了什么、什么有效、什么无效以及为什么。这为制定长久的改变计划提供了重要的数据点。

解读行为：5W 法

5W 法是行为解释过程中的另一有用策略，因为它能指导我们考虑可能影响学生的多个因素。就像记者试图全面报道一则事件一样，研究 5W（何人、何时、何地、何事以及为何）将帮助你全面了解复杂的情况。花一点时间从这五个角度考虑学生的行为，并寻找重复出现的模式，从而进行有效干预。

1. **何人（Who）**：当行为开始升级时，往往何人会在场？通常情况下，你会发现某些同学或某些教职员工在情况开始升温前，就已经在与学生互动了。有些同学倾向于挑衅。有些教职员工会在不经意间说话太大声或太快、站得太近，或是用了香气浓烈的古龙水、香水或护手霜，也可能他们用词太多或句子太复杂、期望值太高，又或是会强制执行无差别的处理。这些特征都可能激怒谱系学生。而这个人可能就是你！如果你发现某位工作人员似乎经常与学生的行为爆发有关，请温和地告知他在融合环境中需要更灵活地处理事情。寻找你和其他人可以做出细微改变的方法，从而避免引发行为爆发。

2. **何时（When）**：行为爆发最常发生在过渡时间段吗，比如早上的第一件事、午餐前后、放学时、周一、周五、假期前后？爆发是否往往发生在某些特殊课程、学科或活动之前、之后或期间？如果是这样，请仔细观察是什么原因导致一天中、一周中的那些时段或过渡时间段变得格外令人紧张。例如，谱系学生出现睡眠问题的概率是典型发育学生的三倍（Mazzone, Postorino, Siracusano, Riccioni, & Curatolo, 2018）。疲劳会使早晨或午后的学习变得特别有挑战性。谱系学生出现胃病的概率是典型发育学生的六到八倍（Newman, 2018）。消化系统的不适可能会加剧午餐后的行为爆发。

3. **何地（Where）**：学生行为升级的地点是否有规律可循？也许某些环境会带给学生特殊的压力。午餐、课间休息、美术课、体育课和音乐课经常会给学生带来感觉的、社交的和其他方面的压力。在调查不同场所的潜在诱发因素时，请思考你所拥有的有关规则一致性、僵化思维、焦虑、调节、感觉、社交、参与等方面的知识。也许学生一天中的某些活动需要更具体的安排、更好的监督或更严格的限制。

4. **何事（What）**：这种行为往往会导致什么结果？在某些情况下，长时间的行为爆发让学生能够避免或逃避即将到来的压力源。发生什么或没发生什么会无意中强化这种行为？哪些干预措施可以改善情况？哪些干预措施会使情况变得更糟？你可能会错过哪些干预机会？

5. **为何**（Why）：归根结底，从所有这些角度审视行为的目的就是确定原因。学生为何会做出这种破坏性行为？将从调查中收集到的信息相加，你就能了解这些行为对学生起到了什么作用，以及学生试图传达什么样的困扰。

若要识别这类苗头，你可以跟踪每次事件，然后比较背景，找出行为发生的模式会很有帮助。请尝试使用可复制的《5W 表》（见本章末尾），以便你在发生破坏性事件后轻松记下一些细节。

行为干预计划

在对学生的行为有了全面的了解后，你就可以制定一个有根据的、有效的、差别化的行为改变计划了。这不仅是让教职员工改用无香型洗手液——尽管这可能是一个很好的开始。行为干预计划主要是建立一个积极支持的框架，为学生提供新的技能，使他们能够有效地表达自己的需求，并练习更好的行为。该计划应由学校具有行为专业知识的临床医生（如咨询师或行为顾问）撰写。

行为干预计划应指导实施预防策略、替代行为、环境调整、日程安排变更等。它还要成为学生 IEP 的一部分，这样老师就可以每年评估进度并更新目标了。

有效的行为干预计划至少包括以下四个组成部分。

1. **预防策略**（prevention strategies）：预防策略有助于相关学生和相关成人识别行为压力的早期迹象，采取有效行动防止事态升级。预防策略包括关于调整环境以消除或减轻可预测的前因的具体建议。

2. **行为策略**（behavior strategies）：行为干预计划应包括几个具体的行为目标，这些目标通过明确积极的行为预期来针对消极行为。切记，在建立新的行为期望之前，要确保学生有足够的技能。应制定明确的技能发展目标，帮助学生采取适应性替代行为。重要的是要谨慎区分这些目标，缩小范围、限制数量，最大限度地调动学生的积极性和提升成功的可能性。

3. **应对策略**（response strategies）：应对策略能够指导参与人员以有力且始终如一的方式做出回应，从而强化积极行为，并积极避免无意中强化消极行为（Banks, 2020）。

4. **进度准则**（progress rubric）：虽然存在许多系统来监测进度，但大多数系统只测量一种行为的频率，比如，五天中有四天，诺亚都会在默读时，用他的减压玩具帮助自己保持安静。对于谱系学生来说，进步过程可能是有起伏且缓慢的。我们很容易忽视细小的进步，这会让学生和成人都感到沮丧。

除了频率，还要监测行为的持续时长和强度。虽然诺亚的行为爆发频率没有降低，但持续的时间没有以前那么长，或者表现没有以前那么强烈（强度）。将频率、持续时长和强度一并纳入行为目标，并随着学生在每个方面的进步进行更新。因此，与其期望诺亚在每天 20 分钟的默读时间里一直保持安静，诺亚的老师不如调整期望值，只要诺亚每坚持 5 分钟积极行为，就正面强化。与其期望诺亚完全保持安静，不如改变规则的程度或强度，这样一开始只要保持安静就足够了。在这个例子中，更好的目标可能是五天中有四天，诺亚都会在 5 分钟的默读时间里，用他的减压玩具帮助自己保持安静。

说到这里……

快乐的作用

许多教师给出的首选也是公认的行为后果就是剥夺课间休息或其他自由活动时间。友情提示：不要这样做。我可以向你保证，如果你剥夺了学生的自由活动时间，到下午你就会后悔的。所有学生都需要机会释放多余的精力，自由表达他们的想法。许多孤独症谱系学生尤其需要释放压力，获得一些本体感觉和前庭输入（第四章），不受约束地专注于他们刻板的兴趣领域，或在树荫下重整旗鼓。缺少这些重新集中注意力的机会，可能在日后会导致更糟糕的行为。

如第五章所述，一些谱系学生可能会对课间休息或其他自由活动时间所带来的感觉和社交自由感到不知所措。如果是这样的话，请与校辅导员或行政人员讨论，为这些学生调整自由活动时间的安排。

其他学生可能会在课间休息期间表现出破坏性行为，你可能会想要取消课间休息。但是，与其完全取消课间休息，不如只取消有问题的课间休息。例如，如果学生们正在进行一场非正式的橄榄球比赛，而恩里克却把卡西绊倒了，那么老师可以处罚恩里克几天内都不能和其他孩子一起玩橄榄球。几天后，恩里克的辅导员、体育老师或课间监督员可以重新教恩里克打橄榄球的技巧，这样当他再次参加比赛时，就有足够的技巧了。同时，虽然恩里克短暂地离开了比赛，但他并没有失去参加其他有益的自由活动的机会。

我该用什么行为方法来减少谱系学生的干扰行为？

学校变得愈发多样化，融合性也更强，人们对心理健康的了解也更加深入，出现了许多地区范围、学校范围内的行为方法，包括但不限于干预反应和多层支持系统，这些方法符合社会情感学习的核心原则，同时坚持一致的标准和公平的问责。从短期和长期来看，这些多层次、有区别的应对系统，对谱系学生及其神经典型发育同龄人来说，要比以往排除性的方法有效得多（Miller, Taylor, & Ryder, 2018）。

下面，我们一起来看一看以下三种行为方法，它们并不是专为孤独症谱系学生设计的，但恰恰符合他们的需求：(1) 社会情感学习；(2) 学校范围的积极行为干预和支持；(3) 恢复性司法。

社会情感学习

正如学术、社会情感学习联合会（Collaborative for Academic, Social, and Emotional Learning，CASEL）首席执行官凯伦·涅米（Karen Niemi, 2020）所描述的那样，社会情感学习教学旨在"解决各种形式的不平等问题，增强青少年和成年人的能力，共同创建欣欣向荣的学校，为安全、健康和公正的社区做出贡献"。

社会情感学习专注于 CASEL（2021）确定的五项关键能力，为学生提供关键技能教学，帮助他们管理自己的行为、反应和与他人互动。这些为普通学生设计的能力课程恰好与孤独症谱系学生面临的共同挑战相吻合。表7.1描述了社会情感学习的五项关键能力及其与孤独症谱系学生特殊需求的相关性。

鉴于我们遇到的许多谱系学生的破坏性行为都与这些能力有关，因此，在预防困难行为或有效地重新教授基本技能方面，社会情感学习课程可以发挥很大的作用。有许多预设课程可以帮助你在课堂上实施社会情感学习教学。

有效的社会情感学习课程需要在多方的协调努力下开展。教师在课堂上直接指导和示范社会情感学习技能，而理想情况下，管理人员、相关服务提供者、学校教职员工、同学、家长或监护人以及兄弟姐妹则可以在整个教学楼和家中强化社会情感学习技能。当社会情感学习与学校范围的其他预防和干预措施（如积极行为干预和支持以及恢复性司法）结合使用时，其效果会更好。

表 7.1　社会情感学习技能与孤独症谱系学生常见挑战的相关性

SEL 技能	技能目标	与孤独症谱系学生的相关性
自我意识	自我意识指的是辨认、识别自身情绪，认真思考自己的优缺点，增强成长型思维，同时培养自我效能感和自信心。	为了培养自我意识，必须支持谱系学生克服执行功能挑战（例如，调整情绪和反思过往行为）以及认知挑战（例如，泛化和灵活思维）。
自我管理	自我管理指的是控制冲动、管理压力、设定目标、保持专注且有条理，并在面对挑战时保持冷静。	为了提高自我管理技能，必须帮助谱系学生应对刻板行为（与坚持不懈不同），以及执行功能挑战（例如，容忍挫折、行为调整和抵制冲动）。
社会意识	社会意识包括与交互主观性（interactive subjectivity）相关的技能，例如，站在他人角度看待问题、展现认知同理心和情感同理心，以及尊重他人。	为了加强谱系学生的社会意识，需要帮助他们解决心盲、共同注意、理解非言语线索等方面的不足，并帮助他们积极发展认知同理心和情感同理心。
人际关系技能	人际关系技能是指能够与他人有效合作与沟通，能够有效地寻求或提供帮助，能够建立并维持健康的人际交往关系。	为了培养人际关系技能，需要支持谱系学生发展认知同理心和情感同理心，并增强理解情境、识别他人意图和考虑其行为对他人影响等技能。
负责任的决策	负责任的决策是指通过评估、分析和反思，并承认且尊重公民身份及个人和伦理道德责任，从而做出明智的、深思熟虑的决定。	为了培养负责任的决策能力，帮助谱系学生掌握一些执行功能方面的技能，包括激活先验知识、将信息情境化、元认知、做出推论、从错误中学习、灵活思考等。

SEL 技能和目标资料来源：CASEL, 2020。

学校范围的积极行为干预和支持

学校范围的积极行为干预和支持（Schoolwide Positive Behavioral Interventions and Supports, SWPBIS）是一个基于研究的系统，建立在多层支持系统的基础之上，以差别化和公平的方式解决学校范围内的行为、学业、社交和情感功能问题。SWPBIS 与过去的行为系统的不同之处在于，它不强调不该做什么，而是特别强调鼓励理想的行为。正如美国教育部特殊教育和康复服务办公室所强调的那样，IDEA（2004）规定只要某一行为成为学生或他人学习的障碍，学校就必须考虑提供积极的行为干预和支持措施（Swenson & Ryder, 2016）。SWPBIS 也有助于减少欺凌和同伴排斥的发生（Hume et al., 2014）。

如表 7.2 所示，PBIS 中心（2021）所描述的支持层级与孤独症谱系学生的特殊需求密切相关。

表 7.2　SWPBIS 级别与孤独症谱系学生常见挑战的相关性

SWPBIS 级别	特点	与孤独症谱系学生的相关性
第一级别涉及学校期望的基本亲社会行为。制定并向全体学生教授积极主动且具预防性的行为策略，同时监测进展情况。	第一级别会确立基本的社会和行为期望。能够指引教师定义预期行为，明确地指导学生要如何遵守、强化和塑造积极行为，并收集进展数据。实施第一级别的关键在于，在校内任何地方对学生的社会行为期望都保持一致，这样他们才能知道对他们的期望是什么。	第一级别中明确的解释和示范，满足了谱系学生推断意义方面的需求，能够将抽象的行为结构具体化，使学生更容易理解。在不同情境下，对学生行为的预期保持一致，能够帮助那些思维僵化、难以转换角色的谱系学生遵守规则。能够预测的期望可以减少学生的焦虑——这是改善行为结果的关键因素。
第二级别支持适用于那些存在发展破坏性行为风险的学生（以第一级别的数据收集为基础），因此第二级别需要更集中的投入和反馈。	第二级别能为学生提供学业、社交技能和自我调节方面的小组支持，并对进展情况进行监测。第二级别的关键组成部分为学生提供了更多社会行为期望方面的指导，以及练习新技能的机会，同时提升了获得预防和干预策略及积极强化的概率。还为教育工作者分配了指定的时间来思考前提（行为出现前发生的事情）并设法解决行为功能困难。	小组学习和实践的机会对孤独症谱系学生十分有益，让他们得以充分学习、理解、实践人们对他们的期望。小组环境提供了一个低风险空间，在这个空间里，他们可以更自由地尝试新的功能方式，并探索规则和期望应该泛化至何种程度。
第三级别能提供强化支持，适用于少数对第一级别或第二级别干预措施无效的学生。	一旦学生持续存在破坏性、毁灭性或危险性行为，就需要采取更加个别化的干预措施。这一级别需要征求多学科小组/团队和行为专家的意见，可能会施行安全预防措施、进行功能性行为评估，并制定具体的行为计划。	由于每个谱系学生的优势、挑战和需求都是独一无二的，而且他们的行为能反映出一系列普遍存在的挑战，因此我们通常需要采取具体的个别化方法来有效解决持续存在的挑战行为。早在 SWPBIS 出现之前，对谱系学生和其他学生就已经频繁使用功能性行为评估和行为干预计划了，它们能揭示破坏性行为的根本功能并进行有效干预。

WBPIS 层级和特征来源：PBIS 中心，2021。

恢复性司法

多年来，教育工作者通常会用惩戒、实施后果来处理挑战性行为。然而，恢复性司法的基础是共同价值观和原则，强调共同责任、抚平伤害、恢复关系、治愈和预防复发（Zehr, 2015）。采用这一结构方式，需要成人对长期存在的正义观念和行为反应的思维方式做出重大转变，而这样的转变将产生持久、公平且有意义的变化，包括减少欺凌行为（United Kingdom Department for Education, 2014）。

恢复性实践通过以下方式发挥作用：加强对个人行为影响的理解；建立归属感、包容性、社区意识和共同责任感；帮助创建、修复和维护积极的人际关系。为此，只有受过恢复性实践培训的辅导员才能带领高度结构化的小组，将需要改变行为的学生和因其行为而受到伤害的学生聚集在一起。在安全的小组环境中（通常以"恢复性环形对话"的形式），创造可提供教学的机会，从各个角度探讨与不当行为有关的情况。在反思过程中犯错的学生会得到支持，他们会反思自己为什么会这样做，他们的行为对谁产生了影响，影响的方式是什么，并回顾他们对所发生的事情有什么感受。此外，恢复性实践还能指导他们制定新的策略，以应对今后类似的情况，并弥补所造成的伤害。

一些教育工作者、家长和其他人可能会担心，恢复性司法的做法对行为不端的学生来说可能太过宽松，或者说对严重不当行为的处理太过温和。然而，恢复性司法的拥护者指出，这一制度比排他性惩戒做法更直接、更具体，能够让学生对自己的行为负责。学生不再被逐出学校，他们必须坐下来与因其受到伤害的人面对面，正视自己造成的伤害，承担起应负的责任，并做出相应的弥补。查阅恢复性司法的相关文献，"指出对学校、教师、学生和对整个学校社区的积极成果（Lodi, Perrella, Lepri, Scarpa, & Patrizi, 2021）"。此外，恢复性司法与学校排斥性做法形成了鲜明对比，排斥性做法全靠威慑，什么都没教会学生，反而加深了孤立和疏远，并对关键关系造成不可挽回的损害——而恢复性实践却能教授学生关键技能，加强和深化协作关系，它本身就是一种强大的学习体验。在恢复性司法的实践过程中，学生可以练习使用执行功能和社交技能，如倾听、轮流、灵活思考和更新信息，以及更复杂的技能，如解决问题、维护友谊、自我倡导、承担责任、冲突谈判等（Rasmussen, 2016）。

与其说恢复性司法是一项计划，不如说它是一种哲学，它没有限定具体的能力，也没有划分任何级别，应用起来更加灵活。事实上，学校可以将恢复性司法理念与

表 7.3　恢复性司法原则与孤独症谱系学生常见挑战的相关性

恢复性司法原则	特点	与孤独症谱系学生的特定相关性
邀请全员参与并达成共识。	鼓励双方当事人友好协商、各抒己见。解决问题的前提是各方都认为自己的意见得到了倾听和公平对待。	大多数孤独症谱系学生需要弄清为什么自己的行为有问题（Ehmke, n.d.）。在恢复性司法中，这一信息十分明确。直接听取受害一方的意见，使学生清楚明了自己的行为到底造成了怎样的影响。此外，若要学生参与这一包容性强、结构化高的活动，他们就需要学会轮流、灵活思考、为自己发声、从错误中学习，并考虑他人的观点——而这些都是谱系学生所需的重要社交和沟通技能。
努力弥补造成的伤害。	破坏性行为会对他人的身体和心理造成伤害。要尽可能解决或改善受害一方身体上的疼痛和情感上的痛苦（如不信任、恐惧、羞耻和丧失自尊）。	相较零容忍政策和其他惩戒性行为框架（例如，如果你造成伤害，你就要受到惩罚），恢复性司法的根本理念是让事情变得更好。也就是要优先发展控制冲动、为他人着想、解决问题和明确自身责任的技能——所有这些行为都是谱系学生需要学习和实践的。
寻求直接问责。	尽管恢复性做法侧重于改变和治愈，但问责制依然是实现转变的关键组成部分。犯错一方应为其行为承担责任，并采取适当、个别化的赔偿措施。	在恢复性实践中，从错误中学习却是成长的机会。通过鼓励成长心态、批判性思维和元认知，支持学生发展重要的学习方式。
让分化的地方重新融合。	一些行为会导致学生被疏远异化；而有些行为则是因疏远异化而来的。无论分化是如何产生的，恢复性司法——再次与排斥性做法形成鲜明对比——都能修复受损和破裂的关系，事实上，还能建立社群。	在这一过程中，谱系学生能够明白——与他们的刻板思维相反——人是复杂的生物：没有人绝对好，也没有人彻底的。通过这个合作过程，他们能学会如何感同身受、如何谅解、如何建立关系，以及如何重建受损的关系。
加强社群和个人的力量，以防出现进一步的伤害。	恢复性司法既关注过往，也注重未来，它会提出诸如"需要做些什么来确保这种情况不会再次发生？"的问题。	通过这种明确的计划和再次教学，学生可以发展出新的、更具适应性的行为，而老师也可以教授、推广新的技能。对谱系学生来说，要确保不当行为事件成为学生改变的催化剂，这种具体的要求至关重要。

资料来源：改编自 Lyons, n.d.; Zehr, 2015。

社会情感学习课程或 SWPBIS 系统结合使用。危机和创伤资源研究所（Crisis and Trauma Resource Institute, Lyons, n.d）引用的五项原则能够指导恢复性司法理念的实施。如表 7.3 所示，恢复性司法原则与谱系学生的特定需求高度重合。

找到破坏性行为的根源，同时降低或弥补这些挑战造成的影响，这将极大程度地帮助谱系学生做好学习准备并开展学习。此外，从学生的家庭环境中了解他们，或许能让你事半功倍。

下一章，将引导你与学生家长建立协作，以及富有成效的关系。

ABC 表

学生姓名：			
日期和团队成员姓名	前提（考虑何人、何时、何地、何事以及为何）	行为	后果

来源：The General Education Teacher's Guide to Autism©2023 Barbara Boroson・SolutionTree.com

5W 表

学生姓名：	填表日期： 破坏性行为发生日期：
描述学生的破坏性行为。	

5W 问题	答案
该行为开始升级时，何人在场？（考虑教职员工、管理人员、同学和家庭成员。）	
该行为何时发生？（考虑日期、时间和活动。）	
该行为发生在何地？（考虑一般和特定的地点，比如，在学校还是在家里、在户外还是在室内、在教室还是在楼道、在美术课上还是音乐课上，等等。）	
该行为有何后果？（考虑定向干预和自然后果。）	
为何会发生该行为？（考虑事发前的所有因素来解码行为的作用。）	

来源：The General Education Teacher's Guide to Autism©2023 Barbara Boroson·SolutionTree.com

第八章 父母和监护人

可以肯定的是，学生的父母和监护人并不在你的班级名册上。但是，你若想与孩子们成功合作，就需要父母和监护人的支持——他们同样也需要你的支持，远比你以为的还要多。由于谱系学生很难吸收内容和泛化应用，因此，在不同情境中，他们需要保持一致性和连续性，需要重复提示和信息。此外，当大家在一起共事、相互信任，并致力于追求相同的目标时，父母、监护人和教育工作者都会认为自己是这个有凝聚力的团队的一分子，这是一种赋权体验，也是成功的秘诀。因此，在学校和家庭之间建立开放、信任的伙伴关系符合所有人的最大利益。这正是最佳实践。

在本章中，我们将探讨合作鸿沟为何如此难以跨越，以及你可以如何弥合这些鸿沟。

关于父母和监护人的问题

尽管你和父母或监护人都在为孩子争取最好的结果，但请记住，你们各自的角色、背景、优先事项和对这些学生的投入天差地别。你很容易就会错误地解读这些差异，还会轻易否定父母和监护人与你不同的观点。让我们来看一看到底是什么导致了这些差异，而这正是建立富有成效的伙伴关系的第一步。

接下来，我们将讨论以下这些问题。

- 为什么我与学生父母或监护人交谈时，有时会觉得我们谈论的不是同一名学生？
- 我应该注意哪些与孤独症相关的社会学因素？
- 为什么与谱系学生的父母和监护人保持同步这么难？

为什么我与学生父母或监护人交谈时，有时会觉得我们谈论的不是同一名学生？

当教育工作者的观点与父母或监护人的观点不一致时，许多教育工作者都会简单地认定家长是视而不见或者拒绝承认。探究为什么家长会有如此不同的看法至关重要，同时还要寻求弥合这一差距的方法，这样教育工作者和家庭才能在相互尊重的情况下合作，给予孩子一致性和连续性的支持。

若要了解教师和家长的看法为何会有这样的差距，你首先要了解的就是同一个孩子在不同环境中的表现可能完全不同。有的学生在学校表现得灵活、专注、尊重他人，但在家里却很容易走神、不尊重他人、持反对态度，这很常见。信不信由你，有的学生在学校里表现得有挑衅性、侵扰性和破坏性，但在家里却能聚精会神、保持冷静、通情达理，这同样常见。

> 同一个孩子在不同环境中的表现可能完全不同。

怎么会这样？嗯，造成这些表现差异的原因十分具体。对一些学生来说，校园生活中结构化的安排有助于他们的成功。遵循稳定不变的时间表能让学生放松下来，使他们在焦虑得以缓解的情况下，很好地专注于课程/学习目标。能从广阔的教育视角理解孤独症的老师（比如读过本书的你），可以让学生取得非凡的成就。同一个学生在家里可能没有相同程度的结构化安排。家庭生活的节奏也会时快时慢，即使在最理想的情况下，也很难提前一个月定下一个月后的午餐菜单。

对另一些学生来说，家里充满压力、杂乱无序或混乱不堪。有些学生会把自己最好的一面带到学校，倾其所有。而等他们回家以后，他们可能就没有精力保持专注、合作，参与不了在他的日程表之外的任何活动。

反之，学校里的最少受限制环境，对一些学生来说仍然是难以承受的，哪怕课程安排是经过你精心设计且严格执行的。实际上，学校里的社交、感觉、学习和过渡要求是层出不穷的。像这样的学生在家里的表现可能就比在学校要好得多。与孩子朝夕相处并深爱着孩子的父母或监护人，对孩子有着全面的、深入的了解，这是你不可能具备的。他们可以在一英里外就预见到孩子会崩溃。这可以使家庭成为一个高度个性化的场所，在这里孩子能做最好的自己。也许孩子在学校会不知所措，但在相对安宁的家里却能按照自己的节奏更好地学习。

因此，你和学生父母或监护人的看法可能都是准确的。要让他们知道这一点，因为他们和你一样，对其他人的不同看法持怀疑态度。你若能明白其中的道理，并与他们分享这一认识，就能避免在交流中出现质疑和困扰。更妙的是，你们可以集思广益，了解学校或家庭中最有效的方法，并尝试复制一些有效的策略。

我应该注意哪些与孤独症相关的社会学因素？

尽管孤独症在不同种族中、不同社会经济背景下的发病率相同，但非白人儿童的平均诊断时间却比白人儿童晚 6 到 20 个月（Constantino et al., 2020; van't Hof et al., 2020）。有研究表明，当黑人父母或监护人认为自己的孩子需要帮助时，他们会"按照专家的建议行事：他们会开始寻求帮助"（Constantino et al., 2020, as cited in Elemy, 2022）。尽管他们做出了努力，但差距依然存在。在孩子长达 20 个月的成长期内，失败的体制以及偏见导致孩子在沟通社交、技能、行为以及日常生活活动等关键发展方面错失了不可替代的干预机会。低收入家庭中的女性和儿童也很难得到及时的诊断（Begeer et al., 2013; Durkin et al., 2017）。而双语学生在申请评估、填写表格或回答筛查问题方面可能也存在困难（Beaubrun, 2022; Dryden, 2020; Yee & Spectrum, 2016）。

重要的是你要了解这种不平等的悬殊差距，而造成这一现象的原因不尽相同。首先，学生接受过的干预可能远远少于其他谱系学生，这使他们在学校处于发展劣势。有些学生甚至从未接受过诊断。由于错过了为孩子寻求帮助的黄金期，家长可能会感到沮丧和不耐烦，这完全可以理解。在你寻求与学生家庭进行有意义的、相互尊重的接触并提供不同的支持时，请牢记这些交叉挑战。

为什么与谱系学生的父母和监护人保持同步这么难？

这确实是一个很棘手的动态问题。如前所述，父母和监护人对孩子的看法可能与你的大相径庭，这主要是由文化差异以及孩子在不同情境下的表现差异造成的。我们若要缩小差异，只了解这些还不够。父母和监护人对孩子的感受也与你的不同。因此，他们摆上台面的一系列期望值和压力源，可能你并不了解或是知之甚少。而你提出的观察结果，同样可能令他们感到惊讶或困惑。

绝大多数父母和监护人都希望自己的孩子能取得最好的结果，但对于如何取得，他们的想法可能相去甚远。然而还有些家长可能完全不知所措，或者根本不知道该如何开始。一些家长看得比较长远，他们认为现在增加支持会在未来产生更好的结果。还有些家长则把支持当拐杖,他们认为最好的方法就是推动孩子融入并尽可能跟上。一些家长将诊断视为获取支持和服务的凭证。还有些家长却把诊断视为污名化的标签,认为这会让孩子无缘进入"正常的"生活。一些家长会把你的观察反馈看作是合作的一部分,有效地反应顾虑之处和兴趣点。还有些家长会把你的观察解读成对他们的批判,他们会认为你是在否定他们的育儿技能,或者将你视作不断压迫他们家庭的"权威"。

这里所描述的许多家庭背景,都会对父母和监护人向你陈述和回应的方式产生巨大的影响。由于这些挑战,谱系学生的父母和监护人可能更容易在会议上哭泣、索要更多或更少的支持、否定你的解释和建议,或生气、沮丧、不耐烦,甚至恼羞成怒。即使你在报告中说明与上次会议期间相比,学生发生了哪些积极变化,但父母和监护人也明白,相较其他同学,自家孩子的进步十分有限,这对他们来说可能也是苦乐参半。

尽管在课堂上做到区别化对待谱系学生很难,但是同理,与他们的父母和监护人的有效合作也需要差异化。这些父母和监护人正在应对许多典型发育儿童家长不曾面对的挑战(Giallo, Wood, Jellett, & Porter, 2013; Hetzel, 2018; Kinnear, Link, Ballan, & Fischbach, 2015; Werner & Shulman, 2015)。下面,让我们来看一看其中一些挑战,比如悲伤、疲惫、紧迫、恐惧、孤立、内疚和羞愧、经济困难和不信任。

悲伤

无论孩子长到多大,其父母可能都会为得不到心目中期望的孩子的样子而悲伤,而他们还要努力接受孩子的现状(Hetzel, 2018)。很显然,这些父母和监护人面临着一种可能:孩子永远无法实现他们的梦想,也永远无法独立生活。这一残酷的现实引发了他们的担忧,孩子永远也达不到常规的发展里程碑,也永远无法获得他们心目中想要的那种幸福和满足。

如今,神经多样性运动中的自我倡导者正在努力改变这样的观念,他们认为,成功的方式多种多样,他们敦促典型发育人士不要将他们的幸福和成就感套用到孤独症人士身上(Callahan, 2018)。虽然这样的观点很重要,也很有说服力,但家长们感受到的悲伤却是切实存在的,是争论无法抹除的——至少一开始是这样的。此外,一些谱系人士及其家人一生都在与癫痫、失禁等令人痛苦的疾病做斗争,或是被无情的破坏性行为、自残或其他攻击性行为所折磨。

当父母和监护人对自己和子女的期望落空而感到悲伤时，当他们为终身都要面对的极端挑战而叹息时，我认为给予他们支持最为重要。从情感上接受现实就需要一定时间，而若想学会欣赏与感恩，那需要的时间可就更长了。

疲惫

大多数孤独症谱系儿童的父母和监护人都很疲惫，他们远比大多数典型发育儿童的家长更疲惫（Giallo et al., 2013）。之所以会感到疲惫，是因为他们每天都在努力照顾孩子，而这些孩子可能会情绪崩溃，可能会对他们或兄弟姐妹大发雷霆，等等。这些孩子可能每天都需要接受治疗。即使年龄足够大，他们中仍有很多人不能独自在家，因此为了适应学校的时间表，父母和监护人必须调整自己的工作时间。对他们来说，几乎不太可能找到可靠的保姆或帮手，要想找到既愿意照看又有能力处理孩子挑战的人选委实困难。对于许多有孤独症儿童的家庭来说，他们所做的每一件事都是一场斗争——即使在学校里学生的表现很好。

紧迫

与典型发育儿童的父母和监护人不同，谱系儿童家长大抵都很清楚他们的孩子需要在发展的道路上走多远，才能取得学历或学位文凭按时毕业，同时发展出足够的适应性生活技能。虽然大多数谱系学生的父母和监护人都是如此，但这种紧迫感在非白人儿童的家长中尤为常见，他们可能会不顾一切地力争弥补早期损失的时间。因此，你可能会在谱系学生父母和监护人身上看到其他家长所没有的强烈紧迫感。他们可能会对孩子的缓慢进步感到不耐烦，无法容忍错过治疗预约、员工调整和产假。

恐惧

这些父母和监护人也可能表现得比其他家长更具侵扰性或徘徊不定。用"直升机"和"割草机"之类的词来形容这些父母既显得不尊重也毫无帮助。他们焦虑吗？当然很焦虑。他们有充分的理由焦虑。他们的孩子非常脆弱：当出现任何意外或感觉诱因时，刻板和感觉反应可能会令孩子失去控制。哪怕不小心把珍贵的安慰锚放错了地方，或者只是一滴水滴在孩子的运动鞋上，都会让孩子的世界天翻地覆。单纯的天性使孩子成为欺凌者和其他动机可疑的人的主要目标。这些父母知道，他们的孩子不是俗话说的那种能被扔进泳池看看能不能学会游泳的孩子。因此，他们逗留的时间可能会更长，他们会从窗户偷看，或者坚持要求其他人以某种特定的方式做事。

孤立

许多谱系学生的父母和监护人被社区和其他孩子家长忽视或排斥，就像他们的孩子被同龄人忽视或排斥一样（Kinnear et al., 2015）。成年人的友谊通常是自发形成的，可能是在赛场旁、演奏会的观众席、生日派对上、等校车时、协调儿童聚会日期时，或者是接送孩子的途中。当这些学生无法参加体育运动和表演，或者从未被邀请参加生日排队或游戏聚会时，相应地，他们的父母和监护人也被剥夺了建立关系的机会。当他们的孩子在校车站、上下车的地点出现问题行为时，他们的父母要忙于干预和缓解这些问题（并且经常感到尴尬），根本无法为自己或孩子建立同伴关系。

内疚与羞愧

当孤独症谱系学生的父母和监护人看到其他孩子达到了常规的发展里程碑，在学习、运动、社交活动和艺术方面表现出色时，他们会控制不住地去想，是否自己做错了什么才饱受折磨。尽管孤独症并不是由育儿方式引起的，但许多家长却会自然地反思自身，质疑自己的做法，甚至怀疑孩子的困难是他们自己造成的。这可能会导致他们内疚和羞愧，也可能导致这些父母和监护人在孩子遇到困难时变得十分情绪化或充满戒备。

父母和监护人对孩子性格或行为的批判于事无补。因此，当谱系儿童在公共场合情绪崩溃，突然停在楼梯上导致身后排起了大队，或者四处闻其他人并告诉这些人他们的气味时，父母知道孩子这些行为的后果会直接反映在他们身上。

经济困难

许多治疗和额外的监督需求都会让很多谱系儿童的父母和监护人面临严重的经济困难（Anderson, Rast, Roux, Garfield, & Shattuck, 2020）。他们的工作可能不允许他们按时接送孩子接受治疗，下午他们要和校车竞速，还要频繁地接听学校打来的电话。因此，许多家长必须削减带薪工作时长，或者干脆退出职场。华盛顿州立大学进行的一项研究显示，60%的孤独症家庭都有经济困难；由于孤独症子女的高度护理需求，家长常常因此请假，无法晋升，导致收入减少（Civello, 2015）。

为了获得昂贵且耗时的服务，谱系儿童的父母和监护人还必须经历申请干预和支持系统的曲折过程。这对任何家长来说都是一项挑战，但对那些不熟悉教育体制、不太适应或不太有能力为孩子发声的家长来说尤甚。外来移民或双语学生的父母和监护人在学习与官僚机构周旋，以及理解重要沟通的细微差别方面，可能会遇到特定的困难。此外，有一个与众不同的孩子，可能会让他们无法融入新的文化或新的群体。

不信任

如果孩子属于任何形式的少数人群（包括肤色、语言、宗教信仰、性取向、性别认同等），父母和监护人会格外警惕孩子是否因差异而被孤立。当家长看到老师教授的内容或方法是他们不熟悉的，或是有别于其他学生时，他们的恐惧和怀疑就会加深。因此，当谱系学生用上了加重背心和降噪耳机等适应性措施时，这些父母和监护人可能就会把这些支持视为危险信号，从而认为他们的孩子被孤立了。而这种感觉可能会因语言和文化的差异而加剧，这些差异会限制家长理解采取这些支持的原因。

请对父母或监护人的这些反应予以关注，尽最大努力向他们解释学生为什么需要某些支持。这里有一种方法：与其说他们的孩子使用了经过改装的设备，不如告诉他们离开了这些设备，他们的孩子可能就会相形见绌。例如，加重背心可以帮助学生像其他同学一样安静地坐在课桌前，而如果脱掉加重背心，学生可能会不断地离开座位，闯入其他学生的空间。

还有一点同样重要，在融合班级里，每个学生都能得到他们所需的一切，而这对每个人来说都是不同的。换句话说，班上的每个学生能都以自己的方式脱颖而出，每个学生都有自己的旗帜。这种略带激进的推崇接纳的风气是值得提倡的。我们越多地谈论多元化和融合，就会有越多的利益相关者（父母、监护人、典型发育学生、其他教师、管理人员和其他人）走上这条路。

> 这种略带激进的推崇接纳的风气是值得提倡的。我们越多地谈论多元化和融合，就会有越多的利益相关者（父母、监护人、神经典型发育学生、其他教师、管理人员和其他人）走上这条路。

弥合与父母和监护人之间隔阂的策略

读完前面的部分（我真心希望你都读过了），你离学生父母和监护人又近了一步。理解他们的想法与思路大大有助于你更具同理心、更具亲和力，你的工作也会更有效。

为了让谱系学生得到最好的教育，世界各地的人们纷纷努力，优先考虑谱系学生父母和监护人的参与，不断加强对弥合观点差距重要性的认识。例如，加拿大安大略省正在开展一项倡议，那就是多接触并与这些学生的父母和监护人沟通，以他们真实的生活经历，帮助政府了解该如何减少障碍，为这些儿童和家庭提供最佳支持（Ontario Newsroom, 2019）。

不过，微小的努力也能产生极大的影响。现在，让我们看一看你可以立即实施的一些策略，这些策略将帮助你尊重这些父母和监护人的付出，同时帮助他们倾听你的担忧，接受你的观察，并对你的建议持开放态度。

我该如何帮助父母和监护人听到我需要他们听到的内容？

信不信由你，你对这些父母和监护人的情况及其特殊压力源的认识，可能会严重影响你们的互动质量。也许你并没有意识到这一点，但你的方法可能会更开放，你的语气会更温和，你的反馈会更用心，你的反应也会更具同理心。而这些下意识的做法可能会极大程度地帮助你建立有效的沟通。除此之外，还有一些更具体的策略可以帮助你赢得父母的信任，双方相互尊重，从而形成强大的伙伴关系和充满活力的协作。

先说价值

与父母和监护人建立关系时，你可以使用这样的策略：在对话伊始，就要表达出在课堂上你有多重视他们的孩子。这种引人入胜、充满肯定的开场白会促进谈话的进展，增进你与他们的关系（Carrère & Gottman, 1999; Gottman & Silver, 2015）。这听起来微不足道，但我可以告诉你，做孤独症谱系儿童的家长充满挑战。孤独症家庭与医生、服务提供者相处的大多数时间都用在谈论没有按照预期发展的事情上。父母和监护人可能会认为，其他人会把他们的孩子看作是被诊断的、首字母缩写问

书号	书名	作者	定价
	教养宝典		
0868	积极行为支持教养手册：解决孩子的挑战性行为（第2版）	[美]Meme Hieneman 等	78.00
0846	做不吼不叫的父母：儿童教养的105个秘诀	林煜涵	49.00
*0829	早期干预丹佛模式辅导与培训家长用书	[美]Sally J. Rogers 等	98.00
*8607	孤独症儿童早期干预丹佛模式（ESDM）	[美]Sally J.Rogers 等	78.00
*0461	孤独症儿童早期干预准备行为训练指导	朱璟、邓晓蕾等	49.00
*0748	孤独症儿童早期干预：从沟通开始	[英]Phil Christie 等	49.00
*0119	孤独症育儿百科：1001个教学养育妙招（第2版）	[美]Ellen Notbohm	88.00
*0511	孤独症谱系障碍儿童关键反应训练掌中宝	[美]Robert Koegel 等	49.00
9852	孤独症儿童行为管理策略及行为治疗课程	[美]Ron Leaf 等	68.00
*9496	地板时光：如何帮助孤独症及相关障碍儿童沟通与思考	[美]Stanley I. Greensp 等	68.00
*9348	特殊需要儿童的地板时光：如何促进儿童的智力和情绪发展		69.00
*9964	语言行为方法：如何教育孤独症及相关障碍儿童	[美]Mary Barbera 等	49.00
*0419	逆风起航：新手家长养育指南	[美]Mary Barbera	78.00
9678	解决问题行为的视觉策略	[美]Linda A. Hodgdon	68.00
9681	促进沟通技能的视觉策略		59.00
9991	做看听说（第2版）：孤独症谱系障碍人士社交和沟通能力	[美]Kathleen Ann Quill 等	98.00
*9489	孤独症儿童的行为教学	刘昊	49.00
*8958	孤独症儿童游戏与想象力（第2版）	[美]Pamela Wolfberg	59.00
*0293	孤独症儿童同伴游戏干预指南：以整合性游戏团体模式促进		88.00
9324	功能性行为评估及干预实用手册（第3版）	[美]Robert E. O'Neill 等	49.00
*0170	孤独症谱系障碍儿童视频示范实用指南	[美]Sarah Murray 等	49.00
*0177	孤独症谱系障碍儿童焦虑管理实用指南	[美]Christopher Lynch	49.00
8936	发育障碍儿童诊断与训练指导	[日]柚木馥、白崎研司	28.00
*0005	结构化教学的应用	于丹	69.00
*0149	孤独症儿童关键反应教学法（CPRT）	[美]Aubyn C. Stahmer 等	59.80
*0402	孤独症及注意障碍人士执行功能提高手册	[美]Adel Najdowski	48.00
*0167	功能分析应用指南：从业人员培训指导手册	[美]James T. Chok 等	68.00
	生活技能		
*0673	学会自理：教会特殊需要儿童日常生活技能（第4版）	[美] Bruce L. Baker 等	88.00
*0130	孤独症和相关障碍儿童如厕训练指南（第2版）	[美]Maria Wheeler	49.00
*9463/66	发展性障碍儿童性教育教案集/配套练习册	[美] Glenn S. Quint 等	71.00
*9464/65	身体功能障碍儿童性教育教案集/配套练习册		103.00
*0512	孤独症谱系障碍儿童睡眠问题实用指南	[美]Terry Katz 等	59.00
*05476	特殊儿童安全技能发展指南	[美]Freda Briggs	59.00
*8743	智能障碍儿童性教育指南		68.00
*0206	迎接我的青春期：发育障碍男孩成长手册	[美]Terri Couwenhoven	29.00
*0205	迎接我的青春期：发育障碍女孩成长手册		29.00
*0363	孤独症谱系障碍儿童独立自主行为养成手册（第2版）	[美]Lynn E.McClannahan 等	49.00

书号	书名	作者	定价
	转衔|职场		
*0462	孤独症谱系障碍者未来安置探寻	肖扬	69.00
*0296	长大成人：孤独症谱系人士转衔指南	[加]Katharina Manassis	59.00
*0528	走进职场：阿斯伯格综合征人士求职和就业指南	[美]Gail Hawkins	69.00
*0299	职场潜规则：孤独症及相关障碍人士职场社交指南	[美]Brenda Smith Myles 等	49.00
*0301	我也可以工作！青少年自信沟通手册	[美]Kirt Manecke	39.00
*0380	了解你，理解我：阿斯伯格青少年和成人社会生活实用指南	[美]Nancy J. Patrick	59.00
	与星同行		
0819	与 ADHD 共处	[日]司马理英子	59.80
0732	来我的世界转一转：漫话 ASD、ADHD	[日]岩濑利郎	59.00
0828	面具下的她们：ASD 女性的自白（第 2 版）	[英]Sarah Hendrickx 等	59.80
*0818	看见她们：ADHD 女性的困境	[瑞典]Lotta Borg Skoglund	49.00
0614	这就是孤独症：事实、数据和道听途说	黎文生	49.90
*0428	我很特别，这其实很酷！	[英]Luke Jackson	39.00
*0302	孤独的高跟鞋：PUA、厌食症、孤独症和我	[美]Jennifer O'Toole	49.90
*0408	我心看世界（第 5 版）	[美]Temple Grandin 等	59.00
*7741	用图像思考：与孤独症共生	^	39.00
*9800	社交潜规则（第 2 版）：以孤独症视角解读社交奥秘	^	68.00
0722	孤独症大脑：对孤独症谱系的思考	^	49.90
*0109	红皮小怪：教会孩子管理愤怒情绪	[英]K.I.Al-Ghani 等	36.00
*0108	恐慌巨龙：教会孩子管理焦虑情绪	^	42.00
*0110	失望魔龙：教会孩子管理失望情绪	^	48.00
*9481	喵星人都有阿斯伯格综合征	[澳]Kathy Hoopmann	38.00
*9478	汪星人都有多动症	^	38.00
*9479	喳星人都有焦虑症	^	38.00
9002	我的孤独症朋友	[美]Beverly Bishop 等	30.00
*9000	多多的鲸鱼	[美]Paula Kluth 等	30.00
*9001	不一样也没关系	[美]Clay Morton 等	30.00
*9003	本色王子	[德]Silke Schnee 等	32.00
9004	看！我的条纹：爱上全部的自己	[美]Shaina Rudolph 等	36.00
*0692	男孩肖恩：走出孤独症	[美]Judy Barron 等	59.00
8297	虚构的孤独者：孤独症其人其事	[美]Douglas Biklen	49.00
9227	让我听见你的声音：一个家庭战胜孤独症的故事	[美]Catherine Maurice	39.00
8762	养育星儿四十年	[美]蔡张美铃、蔡逸周	36.00
*8512	蜗牛不放弃：中国孤独症群落生活故事	张雁	28.00
0697	与自闭症儿子同行 1：原汁原味的育儿	[日]明石洋子	49.00
0845	与自闭症儿子同行 2：通往自立之路	[日]明石洋子	49.00
7218	与自闭症儿子同行 3：为了工作，加油！	[日]明石洋子	49.00

书号	书名	作者	定价
	孤独症入门		
*0137	孤独症谱系障碍：家长及专业人员指南	[英]Lorna Wing	59.00
*9879	阿斯伯格综合征完全指南	[英]Tony Attwood	78.00
*9081	孤独症和相关沟通障碍儿童治疗与教育	[美]Gary B. Mesibov	49.00
0916	三步解决学生问题行为	[日]大久保贤一	49.00
0831	问题行为应对实战图解	[日]井泽信三	39.00
0713	融合幼儿园教师实战图解	[日]永富大铺 等	49.00
*0157	影子老师实战指南	[日]吉野智富美	49.00
*0014	早期密集训练实战图解	[日]藤坂龙司 等	49.00
*0116	成人安置机构ABA实战指南	[日]村本净司	49.00
*0510	家庭干预实战指南	[日]上村裕章 等	49.00
*0107	孤独症孩子希望你知道的十件事（第3版）	[美]Ellen Notbohm	49.00
*9202	应用行为分析入门手册（第2版）	[美]Albert J. Kearney	39.00
*0356	应用行为分析和儿童行为管理（第2版）	郭延庆	88.00
	新书预告		
时间	书名	作者	估价
2025.06	与ADHD共处（成人篇）	[日]司马理英子	59.00
2025.06	与ADHD共处（女性篇）	[日]司马理英子	59.00
2025.07	孤独症学生的融合教育策略	[美]Barbara Boroson	59.00
2025.07	融合教育理念与实践	[美]Lee Ann Jung）等	49.00
2025.07	融合教育学科教学策略：直接教学	[美]Anita L. Archer 等	88.00
2025.07	融合环境中的教师协作	[美]Heather Friziellie 等	49.00
2025.08	儿童行为管理中的罚时出局	[德]Corey C. Lieneman	39.00
2025.08	重掌失控人生:注意缺陷多动障碍成人自救手册	[美]Russell A. Barkley	88.00
2025.08	学习困难学生的阅读理解教学（第3版）	[美]Sharon Vaughn 等	78.00
2025.10	沟通障碍导论（第7版）	[美]Robert E. Owens 等	198.0
2025.12	家有挑食宝贝：行为分析帮助家长解决挑食难题	[美]Keith E. Williams	59.00
2025.12	融合学校干预反应模式实践手册	[美]Austin Buffum	78.00

关注华夏特教，获取新书资讯

书号	书名	作者	定价
	经典教材|学术专著		
*0488	应用行为分析（第3版）	[美]John O. Cooper 等	498.00
*0470	特殊教育和融合教育中的评估（第13版）	[美]John Salvia 等	168.00
*0464	多重障碍学生教育：理论与方法	盛永进	69.00
9707	行为原理（第7版）	[美]Richard W. Malott 等	168.00
*0449	课程本位测量实践指南（第2版）	[美]Michelle K. Hosp 等	88.00
*9715	中国特殊教育发展报告（2014-2016）	杨希洁、冯雅静、彭霞光	59.00
*8202	特殊教育辞典（第3版）	朴永馨	59.00
0802	特殊教育和行为科学中的单一被试设计（第3版）	[美]David Gast	168.00
0490	教育和社区环境中的单一被试设计	[美]Robert E.O'Neill 等	68.00
0127	教育研究中的单一被试设计	[美]Craig Kenndy	88.00
*8736	扩大和替代沟通（第4版）	[美]David R. Beukelman 等	168.00
0643	行为分析师执业伦理与规范（第4版）	[美]Jon S. Bailey 等	98.00
0770	优秀行为分析师必备25项技能（第2版）	[美]Jon S.Bailey 等	78.00
*8745	特殊儿童心理评估（第2版）	韦小满、蔡雅娟	58.00
0433	培智学校康复训练评估与教学	孙颖、陆莎、王善峰	88.00
	社交技能		
0758	孤独症儿童社交、语言和行为早期干预家庭游戏PLAY模式	[美]Richard Solomon	128.00
0703	直击孤独症儿童的核心挑战：JASPER模式	[美]Connie Kasari 等	98.00
*0468	孤独症人士社交技能评估与训练课程	[美]Mitchell Taubman 等	68.00
*0575	情绪四色区：18节自我调节和情绪控制能力培养课	[美]Leah M.Kuypers	88.00
*0463	孤独症及相关障碍儿童社会情绪课程	钟卜金、王德玉、黄丹	78.00
*9500	社交故事新编(十五周年增订纪念版)	[美]Carol Gray	59.00
*0151	相处的密码：写给孤独症孩子的家长、老师和医生的社交故事		28.00
*9941	社交行为和自我管理：给青少年和成人的5级量表	[美]Kari Dunn Buron 等	36.00
*9943	不要！不要！不要超过5！：青少年社交行为指南		28.00
*9942	神奇的5级量表：提高孩子的社交情绪能力（第2版）		48.00
*9944	焦虑，变小！变小！（第2版）		36.00
*9537	用火车学对话：提高对话技能的视觉策略	[美] Joel Shaul	36.00
*9538	用颜色学沟通：找到共同话题的视觉策略		42.00
9539	用电脑学社交：提高社交技能的视觉策略		39.00
*0176	图说社交技能（儿童版）	[美]Jed E.Baker	88.00
*0175	图说社交技能（青少年及成人版）		88.00
*0204	社交技能培训手册：70节沟通和情绪管理训练课		68.00
*0150	看图学社交：帮助有社交问题的儿童掌握社交技能	徐磊 等	88.00

华夏特教系列丛书

书号	书名	作者	定价
*0561	孤独症学生融合学校环境创设与教学规划	[美]Ron Leaf 等	68.00
0771	融合教育学校校长手册	[美]Julie Causton 等	59.00
0652	融合教育教师手册		69.00
0709	融合教育助理教师手册（第2版）		69.00
0801	特殊需要学生的融合教育支持	[美]Toby Karten	49.00
*9228	融合学校问题行为解决手册	[美]Beth Aune	30.00
*9318	融合教室问题行为解决手册		36.00
*9319	日常生活问题行为解决手册		39.00
0686	孤独症儿童融合教育生态支持的本土化实践创新	王红霞	98.00
*9210	资源教室建设方案与课程指导		59.00
*9211	教学相长：特殊教育需要学生与教师的故事		39.00
*9212	巡回指导的理论与实践		49.00
9201	你会爱上这个孩子的！：在融合环境中教育孤独症学生（第	[美]Paula Kluth	98.00
0891	巧用孤独症学生兴趣的20个方法"给他鲸鱼就好！"		49.00
*0013	融合教育学校教学与管理	彭霞光、杨希洁、冯雅静	49.00
0542	融合教育中自闭症学生常见问题与对策	上海市"基础教育阶段自闭症学生支持服务体系建设"项目组	49.00
0871	学习困难学生教育指导手册	"挑战学习困难"丛书 主编：赵微	59.00
0753	小学一年级认知教育活动（教师用书）		59.00
0752	小学一年级认知教育活动（学生用书）		49.00
0754	小学二年级认知教育活动（教师用书）		59.00
0755	小学二年级认知教育活动（学生用书）		49.00
0834	学习困难学生基础认知能力提升研究与实践	刘朦朦	59.00
*7809	特殊儿童随班就读师资培训用书	华国栋	49.00
*0348	学校影子老师简明手册	[新加坡]廖越明 等	39.00
*8548	融合教育背景下特殊教育教师专业化培养	孙颖	88.00
*0078	遇见特殊需要学生：每位教师都应该知道的事		49.00
9329	融合教育教材教法	吴淑美	59.00
9330	融合教育理论与实践		69.00
9497	孤独症谱系障碍学生课程融合（第2版）	[美]Gary Mesibov	59.00
8338	靠近另类学生：关系驱动型课堂实践	[美]Michael Marlow 等	36.00

标*书籍均有电子书（2025.06）

华夏特教线上知识平台：

华夏特教公众号

华夏特教小红书

华夏特教视频号

"在线书单"二维码

微信公众平台：HX_SEED（华夏特教）
微店客服：13121907126
天猫官网：hxcbs.tmall.com
意见、投稿：hx_seed@hxph.com.cn
联系地址：北京市东直门外香河园北里 4 号（100028）

题的"混合体"。

向这些父母和监护人表明，你认为他们的孩子是完整的个体，而不是只有问题与挑战。让父母和监护人知道他们的孩子在做活动准备时有多出色，或者在完成任务时有多专注；告诉他们，当同学想不起来元素周期表中的某个元素名称时，是如何求助于他们的孩子的；与他们分享孩子在预测近期是否会下雪方面有多厉害。这些夸赞都是在表明，他们的孩子是课堂里有价值的一部分，这能在很大程度上降低父母和监护人的抵触情绪，提高他们继续听你陈述担忧时的接受度。

询问专家

最重要的策略是转变沟通方式，这并不是一条很具体的策略。你要试着把家长当成合作伙伴，让他们意识到他们必须和你共同努力，才能给孩子带来最好的结果。与真正的伙伴关系一样，每位伙伴都能教学相长。具体来说，作为一名有资质且经验丰富的教育工作者，你可以贡献自己的观点和智慧，在学校的环境中把孩子当学生来了解；而父母和监护人可以贡献多年来在不同情境下的生活经验、智慧和观点。你可以从这些父母和监护人那里了解什么样的诱因可能会让他们的孩子分心，需要注意哪些刻板和刺激行为，什么样的策略或干预措施在家里有帮助，哪些做法会让事情变得更糟，以及能帮到你的其他事情。父母和监护人可以向你学习要优先考虑哪些学习目标，以及为了帮助他们的孩子以适应的方式成长、学习、互动和应对环境，你正在实施哪些策略。

为了促成自愿交换信息的伙伴关系，请事先明确所有的意图和期望。让父母和监护人知道，你认可并尊重他们在家庭中来之不易的智慧和专业知识。此外，尽管你可能不像他们那样全面完整地了解孩子的过往，但在学校的背景下你是最了解孩子的，因此你要与他们分享。这是另一种形式的专家。与他们分享，你确信你们可以相互学习、相互支持。告诉他们你很乐意听取他们的意见建议！同时希望他们也能愿意听取你的。

尊重是双向的

除了要尊重这些父母和监护人的智慧和经验，给他们释疑解惑的机会同样重要。当孩子带着垃圾零食蓬头垢面地出现在你面前时，或者向你报告他们凌晨两点才上床睡觉时，请别急着把他们的父母往坏处想。要知道，帮助谱系儿童度过一天，有太多事情都可能会出错，而一旦出错，破坏性行为带来的影响可能是巨大的，比如，小玩具少了个零件、妹妹喝光了糖浆、周二的袜子没有洗。直到问题得到解决，每一次打破平衡的意外都会让整个家庭失去平静，而这样的意外数不胜数。这时必须把其他问题都搁置一旁。所以，当孩子穿着不合时节的衣服进班时，先放下你的评判，去给他再找一件毛衣吧。

同样，父母和监护人也要给你解释的机会。孤独症学生在传递家校之间的信息时有时可能并不准确。也就是说，他们带回家的信息可能不充分或不准确。之所以会出现这种情况，可能是在你布置作业时，他们没有认真听，他们没能完全理解你提出的作业要点，或者是他们无法向父母或监护人明确说明你需要他们明天上课带什么。进一步优化线上作业平台的使用，从而避免出现沟通问题。

为了帮助父母和监护人在灾难发生前做好准备，请在与他们的沟通时尽可能做到坦诚。简要解释你要进行沟通的原因，以免父母和监护人胡乱臆测你话里有话，或是担心你有什么不可告人的目的。例如，你在反馈里只说"请确保唐特早上出门前拉好书包的拉链"，这容易给人斥责、干涉或颐指气使的感觉。然而你并没有那个意思。事实上，你写这个反馈的原因呢？你也要告诉他们呀！把原因一并写进反馈里，今天早上，唐特的书包拉锁没拉上，他的午餐从书包里掉了出来，等他进班后怎么也找不到午餐。尽管最后我们找回了他的午餐，但您一定可以想象这个早晨唐特过得很艰难！感谢您的理解！你分享得越充分，留给父母和监护人胡思乱想的空间就越小。

要让父母和监护人知道，你会尽你所能确保他们的孩子完全理解期望。但也要告诉他们，即使你做了各种努力，家校间重要的信息在传递和解读的过程中仍有可能丢失。如果父母和监护人对他们从孩子身上得到的信息有任何疑问或困惑，请他们不要随意揣测，也不要进行错误地假设，直接与你联系就好。向他们保证，你绝不会妄下断言，一定是小心求证后才会得出结论；同时，你也希望他们亦能如此，你会非常感激。

说到这里……

支持资源

在前面的回答里已经说过了，养育孤独症儿童可能是一段孤立无援的旅程。你无需深入体验这些艰难的感受，但也可以提供有意义的支持。通过线上、线下的方式，为父母和监护人提供支持建议。可以从这里开始：确认你所在的地区是否有特殊教育家长教师协会或组织（SEPTA 或 SEPTO）。如果没有类似的组织，请敦促你的管理员帮忙建一个。

此类团体可以针对残障儿童的方方面面，邀请专家与父母和监护人进行沟通交流。地区的特殊教育主管每年都要参会，他们将定义术语、介绍特殊教育服务和支持的整个流程——从首次转诊到制订 IEP，再到解除分类（不再认定为特殊教育对象）或过渡转衔。通过会议期间提出问题、给出建议以及会议外的闲聊，与会人员得以相互了解。这种有共性的社群，能为这些不知所措、被学校大社群排斥在外的父母和监护人创造奇迹。此外，这些团体还能够改善家校关系、增强希望、建立有意义的友谊和重要的支持体系。

除了基于地区的支持外，以下非营利组织和许多其他组织也为家庭提供教育和伙伴支持。

- 孤独症干预行为健康研究网络（Autism Intervention Research Network on Behavioral Health, http://airbnetwork.org）
- 孤独症自我倡导网络（Autism Self Advocacy Network, https://autisticadvocacy.org）
- 孤独症及相关疾病中心（Center for Autism and Related Disorders, www.centerforautism.com）
- 孤独症的颜色基金会（The Color of Autism Foundation, https://thecolorofautism.org）
- 萨尔托群组（Grupo Salto, https://gruposalto.org）
- 美国家长对家长（Parent to Parent USA, www.p2pusa.org）
- 下列政府组织也可以帮助家庭获得经济和其他方面的支持：
  - Benefits.gov
  - InsureKidsNow.gov（espanol.InsureKidsNow.gov）
  - Medicaid.gov
  - Respite（寻找残障儿童短期护理和监督服务，为不堪重负的父母和监护人提供救济；www.nasddds.org/state-agencies）

父母或监护人希望我实施不同的策略或适应措施，该怎么办？

正如本章的前半部分所述，父母和监护人对孩子过去以及现在的情况最为了解，因此可以肯定，他们有很多帮助孩子变轻松的干预策略和适应措施。鉴于他们多年来抚育脆弱儿童的经验，他们想与你分享他们的智慧合情合理。而你也可以选择不执行他们的所有想法，这也合情合理。

一些适用于家庭的救命策略可能并不适用在学校里。例如，许多家庭已经找到了避免崩溃的方法，而这需要家庭的其他成员为了维持和平而牺牲自身的愿望和需求。也许孤独症儿童总能选择晚上玩什么家庭桌游，这是因为他愿意玩的游戏屈指可数。也许孤独症儿童可以比哥哥姐姐睡得晚，这是因为她的睡前程序对父母来说既冗长又费力。也许孤独症儿童总能坐到汽车的副驾上，这是因为与之争抢只会让所有人都迟到。有时兄弟姐妹可能早已不把这些当作福利，但有时他们也会默默怀恨在心。但他们会适应的，因为只有这样他们才能顺利度过每一天。没人愿意看到这样的不平衡。随着时间的推移，它们出于需要或环境影响而演变，这一过程被称为行为偏倚（behavioral drift, Kearney, 2015）。这听起来可能更像是授权（enabling），然而事实并非如此。

它完全是另一码事。这应该叫生存。

虽然，在家里每次都让孩子选择玩什么桌游可能很有帮助，但这不是学校里可以采用的策略。遇到这样的情况，关键取决于你在当时的反应。如果家长提醒你，得让他们的孩子选择所有的游戏，而你只是难以置信地点头，然后一言不发，翻翻白眼、摇摇头走开，因为你觉得他们的期望是多么不切实际，那么，他们也会觉得你的判断有问题，而你们的关系也会受损。此外，他们会越来越沮丧地等待你采纳他们的建议。

与其对别人妄加评论，不如感激他人的提醒。这些信息可能会让你少走很多弯路，节省大量头疼的学习时间。所以，不要扭头就走，告诉他们你很感谢他们提供这些信息，不过你无法像他们在家里那样实施这一策略，并向他们说明原因。关键是要讲清楚。要让家长知道，你理解他们之所以在家里制定这样的规则，一定有很多困难，很高兴他们找到了应对问题的方法。然后，你要解释为什么老让一个学生选择玩什么游戏在学校里行不通。指出学校的根本目标之一是拓宽学生的视野，让他们接触到更宽、更广的世界，而这个世界里还有其他人，他们要承认他人的需求、感受和经历。这就要求他们慢慢走出舒适区。也就是说，随着时间的推移，孩子要学会有时得让其他学生选择游戏。告诉父母和监护人，你非常感谢他们提供的信息，因为你知道了这个问题对孩子来说极具挑战，所以你一定会在课堂上提供额外的支持，帮助孩子一起解决。主动分享你的进展，这样也许有一天，这个孩子的兄弟姐妹也能有机会选择游戏，或者坐到他们梦寐以求的副驾上。

为了向父母和监护人证明你真心重视他们的付出，请他们帮助你挖掘有价值的信息来源，完成《家庭问卷》（第二章），请他们提供引发孩子焦虑不安的诱因、做什么能帮助学生、做什么会使情况更糟，以及其他能帮你迅速投入工作的信息。

当父母或监护人对将孩子安置在我的联合授课融合班中表示担忧时，我该如何回应？

父母和监护人经常对联合授课的融合班有很多疑问，因为这可能是他们不熟悉的一种模式。当被问及更多关于融合班的信息时，教师和管理人员往往会略显不安，因为他们的回复可能会突破保密的界限。而这种不安只会进一步加剧父母和监护人的焦虑，以至于他们会认为校方在隐瞒什么或是在说谎。

为了与家长开诚布公地合作，在回答这类问题时，你最好尽可能明确、具体地做出说明，消除家长群体中流传的谣言或疑云。下列答复能帮助你自信且清晰地解决相关顾虑。而我要敦促你积极主动地处理这些问题。许多父母和监护人实际上并没有大声提出这些问题——他们只是好奇和担忧，得出并传播错误的结论。所以，你要把一切都摆到明面上。

关于联合授课教师的问题

为什么这个班有两个老师？哪个是班主任？哪个是我孩子的老师？我该找谁处理问题或解答疑虑？

没有什么好隐瞒的。课堂里确实有两位老师，而他们可以提供极佳的差异化教学，这意味着每个学生都能以最适合自己的方式学习。请向所有父母和监护人做出说明，两位老师中一位是普通教育工作者，另一位是特殊教育工作者；学生们会获得一系列非凡技能、策略的学习机会，而教室里只有一位老师是无法实现的。

这两个老师没有主副之分。你要澄清所谓"联合"可没有辅助的意思（这是一种常见的误解），它指的是合作与平等。两个老师既不是班主任，也不是助教，是联合授课教师。为了更明确地做出这一声明，请务必执行以下操作。

- 确保这个班级是用你们二人的名字共同命名的：例如，你独自授课时，你的班级是 4-D（4 代表四年级，而 D 是你姓氏的首字母）。现在，作为一个联合授课的班级，它应该被称为 4-DC 或 4-CD，以表明联合授课教师在课堂上的平等地位。也就是说，在该班级的门牌、校通讯录里、家校联络簿上，名称都应该是 4-DC。在中学，这一体系还要扩展到作业标题（例如，英语语言艺术 9，第五课时，迪亚兹老师和楚老师）等处。

- **两位老师都应该参加有关学生的每次会议**：这种方式很好，可以向父母和监护人发出明确的信息——他们的孩子会由两位老师来照顾。对于你和你的合作老师来说，这也是一个展示你们如何合作、互补并为课堂带来不同能量和视角的机会。但是，请注意，一些父母和监护人可能会被你们吓到。尽管你们态度十分友善，又会关爱他人，但作为教师，你们在教育系统中处于权威地位。而且，正如所描述的，许多家庭有充分的理由畏惧教育系统。教育系统可能检查过他们的育儿技能，带走过他们的孩子，审查过他们在该地区居住的合法性，以房东或该地区会驱逐他们为威胁，扣下过重要的经济补助，等等。在与学生的家人见面时，所有教师都应注意这些潜在因素，尤其是你们二人同时在场时。再接再厉，确保父母和监护人知道他们处于友好的环境中。在讨论时，要给予支持，不要进行批评；多加油鼓劲，少评头论足；多说期望，少做苛责，老师和家长间应该保持合作关系而不是说教关系。直截了当地告诉他们，你们是来提供帮助的，愿意倾听他们的心声。你们会切实给予帮助、用心聆听。

- **要让父母和监护人知道，你们都会进行教学，也都了解班上的所有学生**：最好能与你们二人一起沟通。不过，你也要向他们保证，作为联合老师，你们二人会相互分享关于学生的所有信息。因此，家长可以随时联系你们中的任意一人。

关于融合如何影响学习环境的问题

为什么我家的典型发育孩子没有残障也要上融合班？这个班的哪些学生会得到特殊教育支持？我家孩子能从这样的安置中得到什么好处？特殊需要学生的需求会不会影响我家孩子的学习？

父母们天性使然，他们都希望自己的孩子能得到最好的结果，所以问出类似问题，这十分合理。

要让他们知道，学生被安排进融合班的原因各不相同。班里的两位老师能为所有学生提供更多不同的机会。两位合作教师经常会把学生分成不同的小组，这样能够为有各种不同优势的学生提供学习机会。因此，尽管有些学生是因为需要额外的支持而被选入联合授课的融合班的，但也有一些学生是因为可以从更丰富的学习机会中受益，一些学生是因为可以从更多的创造性表达机会中受益，还有一些学生则是随机被选中的！联合授课融合班的所有学生不仅能从更多的学习机会中获益，还能从与各式各样的同龄人共同学习的环境中获得丰富的经验，融合环境包括种族、宗教、文化和性别，也覆盖了神经多样性（Hehir, 2016）。

然而，保密协议让你不得向家长泄露班上的哪些学生需要特殊教育支持，但你可以向父母和监护人保证，残障学生都经过了谨慎挑选，完全适合这一学习环境。对于孤独症谱系学生和其他有特殊学习需求的学生来说，联合授课的融合班能使他们成为学校普通教育项目的一分子，就像其他学生一样，他们可以从完整的课程和广泛的社交机会中获益。班级里的两位老师可以将课程做差异化处理，帮助他们和其他学生以多种方式学习。联合教学的融合环境中，不太可能安置长期有破坏性行为或有较高支持需求的学生。

> 联合授课融合班的所有学生不仅能从更多的学习机会中获益，还能从与各式各样的同龄人共同学习的环境中获得丰富的经验，融合环境包括种族、宗教、文化和性别，也覆盖了神经多样性。

要让父母和监护人知道，需求强度较高的学生有很多其他安置方案可选。也就是说，那些会占用老师大量时间和精力的学生通常会被安排到别的地方。话虽如此，班级里还是有可能发生破坏性行为的。好消息是，会有两位老师在场，其中至少一人受过差异化教育的专业培训，这就能确保即使出现破坏性行为，教学也能继续顺利进行。此外，如果有学生的行为变得难以控制，老师和管理人员可以重新考虑学生的安置，并根据需要重新分配。父母和监护人还需要知道，只有少数被安置在联合授课融合班的学生需要额外的学习支持（United Federation of Teachers, n.d.）。

联合授课的融合教育课堂让所有学生都能成为具有同理心、尊重他人、灵活变通的全球公民（global citizens）和领导者，能够与他们遇到的任何人有效合作。它向最小且最易受影响的年龄段的学生证明，"不同"不等于"小于"，"不同"仅仅是"不同"而已。而这些不同会打开我们的眼界、思想和心灵，让生活变得充满趣味，成为精彩人生的源泉。

如果你相信联合授课和融合教育的力量，你就会在父母和监护人面前表现得十分热情，这也是对他们的鼓舞。同样，如果你相信每一个学生的潜力，你就会对父母和监护人、典型发育学生，更重要的是对孤独症学生，表现得乐观且充满活力，这将激励他们更好地前行。既然你已经了解了导致谱系学生行为、反应和差异的诸多挑战，你就能胜任并自信地扮演好老师、领导者、引导者、支持者、倡导者和导师的角色。在学生学习和成长的过程中，你可以成为他们的支持者，帮助他们在这个社会中找到自己的位置，哪怕这个社会尚在学习理解并接纳他们。著名教育家、顾问和人道主义者丽塔·皮尔逊（Rita Pierson, 2013）断言："每个孩子都需要一个支持者——一个永远不会放弃他们的成年人，那个人要懂得建立联系的强大力量，并坚信他们可以成为最好的自己。"而那个人就是你。去做那个支持者吧！

后　记

在这本书里，我回答了你们一个又一个的问题，却忽略了我自己的一个问题。直到现在，就在本书即将完结的时刻，我才想到要提出这个问题，而这可能是最重要的问题。我问儿子：

"如果你能让老师了解一件有关孤独症学生的事，你希望那是什么？"

我的儿子二十四岁了。他独自生活在另一个城市，离我和他父亲住的地方大约200英里。他口齿清晰，每天都穿戴得整整齐齐，却严重缺乏幽默感。他对日期的记忆力超乎寻常，你只要告诉他你的出生日期，他就能心算出那天是星期几，很少有人能像他这样。他有一份全职工作，并且可以独自通勤，先乘坐地铁再转搭公交，单程就要90分钟。最棒的是，他交到了一些很不错的朋友。

这是我们做梦都不敢想的。我的儿子思维固化，做事极度注重细节，刻板行为多。他可能会焦虑、不耐烦，甚至到了丧失能力的地步。对他来说，词条检索非常困难且令他沮丧。他的社会观察力极其有限，视觉空间能力更是一塌糊涂。尽管他可以流利地解码词意，但阅读理解对他来说却异常困难，所以无论从哪个角度来说，他都有阅读障碍。他很难从细节中推断出宏观概念，也从未能总结或概括出任何一条经验或教训。他很难将认知信息归档到可检索的地方，因此他常常无法保留或查阅所学知识。

所以，我从未想过要问他这个既宏观又需要个人见解的问题。

然而，就像所有有挑战的学生一样，他让我感到惊讶，惊讶得我从椅子上摔了下来。我还没问完这个问题——"如果你能让老师了解一件有关孤独症学生的事……"——他就给出了答案："优势！"

"哇，"我边说边从地板上爬起来，"答得好快！你能再说具体一点吗？"

他毫不犹豫地对我说："我希望我的老师能帮助我，帮我认识到孤独症带给我的惊人优势和天赋——我能做到别人做不到的事。我从没觉得自己身上有什么优秀的、有用的或值得被欣赏的东西。要是我早早就懂得欣赏自己很酷且有趣的品质，那该有多好。"

要知道为人父母，我把儿子的自尊摆在第一位。我可以做到这一点；我并没有负责教他学习。我始终认为，他的幸福和自尊远比他对二次方程或电磁波谱的理解更重要。因此，在我看到他来之不易的耐心、灵活性和同理心时，我总是不忘给予肯定。当他妥善处理困难情况时，我也会刻意强调他没有出现问题行为。我会迅速表扬他的进步，哪怕结果尚未揭晓。我教会他用"优势和挑战"而不是"优势和劣势"来强调乐观和潜力。我告诉他孤独症给了他天赋，我帮他给这些天赋命名，并帮他发展这些天赋。

但我了解到了一些新的东西，仅凭我的努力来增强他的自信心是不够的，他需要从老师那里听到并感受到这一点。尽管他从未曾理解过"X"除了代表字母之外还能代表什么，但他需要从老师那里知道，他自己有绝对的价值。尽管他从未曾意识到光除了可见之外还有什么用，但他需要从老师那里知道，他的音调、阴影、波峰和波谷造就了他——他自己的谱系——那是可见的，也是受欢迎的。无论他从妈妈那里得到了多少，他依然需要从老师那里有所得。

因此，即使你必须关注孤独症学生的焦虑、执行功能障碍、感官压力、社交挫折、沟通难题、认知混乱、参与障碍和破坏性行为，也请牢记，对于每个你所照顾的孩子而言，你对他们的心理和自我价值的影响力都很大。真的，这是你能做的最重要的事情。你不仅要努力应对挑战，还要继续用你的光辉照亮学生的优点。可以肯定的是，确保学生知道自己是优秀的、有用的、被欣赏的、很酷的、有趣的，这一点再好不过了。

作者简介

芭芭拉·博罗森（Barbara Boroson），执业硕士级社会工作者（LMSW），从事孤独症教育已超过25年。在此之前，她曾在一家儿童图书出版机构工作，但她发现童书出版公司里很难直接接触到孩子，于是重返校园，并取得了社会工作硕士学位。作为一名临床社会工作者，她致力于孤独症研究，而后成为一名学校管理人员。

几年后，芭芭拉诞下了一个孤独症谱系孩子。如今，作为孤独症教育者和孤独症家长，芭芭拉将她的双重视角带入工作中，帮助教育工作者与孤独症学生有效合作，并寻求弥合教育工作者与孤独症家庭之间沟通鸿沟的方式方法。她定期在美国国家级会议及地区会议上演讲，包括国际扫盲协会（ILA）、监督与课程开发协会（ASCD）、国家学校董事会协会（NSBA）以及美国幼教协会（NAEYC）组织的大会。她还为学区和研究生学院提供动态的专业发展服务。

芭芭拉著有多本图书，包括《解码孤独症和通往融合教育的成功之路》、《融合教育中的孤独症谱系障碍：如何接触和教授有孤独症的学生》和《残障儿童家庭指南：从父母和监护人的角度理解问题》。她还在期刊杂志上发表过多篇文章，其中《在孤独症谱系中架起桥梁》获得最佳杂志专题文章银奖。

芭芭拉拥有康奈尔大学写作学士学位和哥伦比亚大学社会工作硕士学位。她和丈夫现居纽约城外，他们有两个脾气火爆的孩子和一只胆小怕事的救援犬。

芭芭拉愿意听取广大读者的意见建议。若想了解更多关于芭芭拉的工作信息，请访问她的个人网站 www.barbaraboroson.com。

The General Education Teacher's Guide to Autism:Essential Answers to Key Questions by Barbara Boroson

Copyright @ 2023 by Barbara Boroson

Permission for this edition was arranged through Solution Tree.

Solution Tree.com

禁止将本书内容用于人工智能训练，违者必究。

北京市版权局著作权合同登记号：图字 01-2024-2649 号

图书在版编目（CIP）数据

孤独症学生的融合教育策略 /（美）芭芭拉·博罗森（Barbara Boroson）著；王漪虹译. -- 北京：华夏出版社有限公司,2025.--（融合教育实践系列）. -- ISBN 978-7-5222-0874-9

Ⅰ．G766

中国国家版本馆 CIP 数据核字第 2025HZ0789 号

孤独症学生的融合教育策略

作　　者	［美］芭芭拉·博罗森
译　　者	王漪虹
责任编辑	张红云　马佳琪

出版发行	华夏出版社有限公司	
经　　销	新华书店	
印　　装	三河市少明印务有限公司	
版　　次	2025 年 6 月北京第 1 版	2025 年 6 月北京第 1 次印刷
开　　本	787×1029　1/16 开	
印　　张	10.75	
字　　数	150 千字	
定　　价	59.00 元	

华夏出版社有限公司　地址：北京市东直门外香河园北里 4 号　邮编：100028
网址：www.hxph.com.cn　电话：（010）64663331（转）

若发现本版图书有印装质量问题，请与我社营销中心联系调换。

2